日本仏教社会福祉学会年報

５０号

令和３年２月

2021.2

日本仏教社会福祉学会

目次

〔五十三回大会　公開シンポジウム〕

「超高齢社会の今からを考える」

シンポジウム趣旨説明　身延山大学副学長　池上　要靖
シンポジスト　第一生命経済研究所ライフデザイン研究部主席研究員　小谷みどり
那須一〇〇年コミュニティー地域プロデューサー　近山　恵子
高野山大学仏教学部教授　井上ウィマラ
司会・進行　身延山大学仏教学部福祉学専攻准教授　楢木　博之

趣旨説明

一番最初にご登壇いただくのは、小谷みどり先生です。皆さんもよくご存じでしょう。第一生命経済研究所のライフデザイン研究部で現在主席研究員をされております。その他にもいろいろ肩書がありまして、本学の客員教授でもあるのです。現在、科学研究費によるご研究中が進行中で、主たるものはライフデザイン、われわれがどのようにして生きていくことが望ましいのかということを大テーマにされまして、「終わり方」、終活に現在その研究の主力が向いてらっしゃいます。特に、レジュメの方にも書いてございましたけども、現在厚生労働省などが盛んに定義しようとしております、死に向かってどのような生き方をしていけばいいかというようなことでございますが、これを中心に研究を進めてらっしゃる。特にデータを非常に豊富にお持ちになっていらっしゃいまして、それらは解析から得られる結果、要するに数値的な面から読み取れる、最近でよく言われるビックデータと呼ばれるもの、それをマクロ経済を通して得られる結果の数値を、ライフデザインというのはミクロ経済だと思いますけれども、その中にどう落とし込んでいって解釈していけばいいのかということをご専門にされています。特に、ミクロという点では私たちと関係が深いホスピスケア、これが社会福祉の中におけるひとつひとつのテーマとして捉えることができるのかなと思いますし、それからもうひとつ仏教にとって非常に興味深いのはお墓の行方についても造詣が深くてらっしゃいます。小谷先生がご自分で作られるというわけではありません。お墓の価値観がどのように変容していくのかということについてのご研究もされていらっしゃいます。今日は、小谷先生にはマクロ経済学的な指標から見る、われわれの人口動態、人口問題であるとか、そういったものがどのように個々の問題として落とし込めていくことが可能なのかといったところを中心にお話をいただけるのではないかなという期待をもってこのシンポジウムに望みたいと思います。ご講演のお時間はお一人二〇分ほどで少ないとお叱りを受けるかと存じますが、ご寛恕いただきたく存じます。小谷先生にお願いします中心の狙いは何かというと、社会問題ということが一番のテーマになろうかと思います。では、小谷先生よろしくお願いします。

◆小谷みどり先生

身延山大学客員教授の小谷でございます。今、池上先生より社会問題について整理をせよということでございましたけど、今これから日本社会における一番の問題が、キーワードに書かせてもらいましたけど、「ひとり死」という問題です。それがなんなのかというのを今からお話しさせていただこうと思います。

私のレジュメが五ページ、お手元の資料の五・六ページと書かせていただいておりますので、必ずしもこのレジュメと今日二〇分でお話しさせていただくことがリンクしてないこともありますので、後でお時間あるときに五・六ページを読んでいただけたらなと思っております。

私は、今池上先生からもご紹介いただきましたけれども、どうしても人生の後半を専門にしておりますので、社会問題等、いろんな問題がありますけれど、今から人生の後半にスポットをあてた時に、これから何が問題なのかという観点でお話をさせていただきます。

一つ目が高齢者の死が増加するという、死亡年齢の高年齢化が二〇〇〇年以降この十数年でものすごく増えているということなのです。二〇一六年に亡くなった方のうち、八〇歳以上で亡くなった方が全体でいうと五九％あるのですね。男女ですごく差がありますけれど、女性は七三％です。八〇歳以上で亡くなった方、これを九〇歳以上で考えるとどのくらいいるだろうというところ、紫色の数字が二〇一六年に九〇歳以上で亡くなった女性の割合なのですけど、三七％なのです。皆さまから向かって左のところの二〇〇〇年に亡くなった方の数字なのですけども、ものすごい勢いでわずかこの一六年で、右に向かって上がってきているのがお分かりいただけると思います。紫色の棒グラフ二〇〇〇年のところで九〇歳以上で亡くなった女性のうち、九〇歳以上だった方は二割いなかった。それが今、四割くらいなのです。男性もそうなのですけど二〇〇〇年のこのブルーの折れ線グラフを見てください。二〇〇〇年に亡くなった男性で八〇歳を超えて亡くなった方は三三％しかいないのですね。

今でこそ人生一〇〇年時代と言われますけれども、実は二〇〇〇年、今から一八年前亡くなった男性、八〇歳以上で死んだ人のうち三分の二の人は八〇歳までに死んでいったということなのです。今はようやく二〇一六年に八〇歳を超えて亡くなった男性が半分います。ですから、何が問題なのか、後でもお話し申し上げたいと思いますけれども、日本のことわざにおいては、「子に従え」という言葉がありますが、老いた時には子どももヨボヨボというのがこれからの時代だということなのですね。亡くなった女性の四割は九〇歳を超えているわけですから、当然子どもたちももう高齢者になっているわけですね。親族一同皆ヨボヨボになっちゃっていて、家族・親族で支えあうことが不可能な時代になってきているということが大きな問題だと思います。

これだけ長生きする人がわずか一〇年一五年の間に増えているというのがなかなか実感しにくいです。数字で見ると明らかで、例えば一九七〇年に亡くなった人のうち八〇歳を超えていた人は二割しかいないのですよ。二〇〇〇年の段階でも今申し上げたように、男性は三三％しかいません。全体で見ても四割しかいないのですね。長生きのお祝いって喜寿の七七歳のお祝いがありますけど、いま七〇歳以上を超える女性は実際に八割いるのですね。長生きの祝いというのは滅多にないからお祝いだったわけですけど、今女性の八割は七七歳を通過しますから大変なことになっています。ちなみにちょっと余談ですけど、いま還暦のお祝いというのが非常に意味合いが変わってきていて、昔は還暦のお祝いというものは、子どもや孫がおじいさんやおばあさんの還暦を祝うというスタイルでしたけど、核家族が非常に増えてきていますので、六〇歳の息子の誕生日を八〇歳代の親が祝うというのが今の還暦の祝いのスタイルなのです。

六〇歳の息子には結婚歴がないので子どももいないというそんな高齢者をめぐる環境というのが、年齢だけみても変わってきているということです。これはよくご覧になっていると思いますけど、右に向かってずっと上がっているブルーのライン、亡くなっている方の数、少しまだ下がっているところがありますが、国の推計ですと、山のピークが二〇三八年、今からちょうど二〇年後です。二〇年後に何がおきるかというと、団塊世代の方たちがちょうど鬼籍にいくころでございます。そのぐらいにはものすごい勢いで人が死ぬ。山のピークがどれくらいかというと、国の推計では一六八万人くらい。ですからこの数字、グラフだけみると、葬儀屋さんとか石材屋さんとかお坊さんが儲かりそうな気がするわけです、死ぬ人が多いわけですからね。

けれけど、今も葬儀屋さんもどんどん潰れていますし、お墓も全然売れないです。お坊さんの出番もほとんどないのです。「ほとんどない」といったら失礼ですけど、出番が増えるとは思えないです。なぜかというと、さっき申し上げたように九〇歳以上で亡くなる方がこれだけ増えてくると、例えば九〇歳で亡くなった方の三三回忌誰がするかっていう話になります。昔は早死する人が多かったから、年忌法要の数がいっぱいありましたが、九〇歳以上で亡くなった方の三三回忌のころには、子どもたちも死んでいますから、孫がやるわけですけど、昔と違って核家族化が進んでいますから、三〇年以上経ったおじいさんおばあさんを、年に一回会うか会わないかのおじいさんおばあさんの法事を孫がするなんていうことはなかなか考えにくいわけですね。私も学校で教えておりまして、家族について授業することがあるのですが、若い学生さんに聞くと、おじいさんやおばあさんは家族ではないと言うのです。おじいちゃんおばあちゃんは家族でない。じゃあ、「おじいちゃんおばあちゃん家族じゃなかったら誰ですか」って聞いたら、「親戚」って答えますよ。おじさんおばさんと同じじゃないですね。ですから、そんな風に世の中変わってくると、まずは人間関係が変わってまいります。

私が委員をさせていただいているホスピス財団が大阪にあります。ホスピス財団で昨年夏にやった調査ですが、「ぽっくり死にたいか」、「少しずつ死にたいか」というグラフもあるのです。ほとんどの人が「ぽっくり死にたい」を選びます。皆さんご存知かどうかわかりませんけれども、ぽっくり死にたいという人がこれだけ多いということは、日本人の特徴なのですね。極めて日本的なのです。何故、ぽっくり死にたいかと聞いた結果がこれなのです。パーッと見ていただきますと、黒い棒が長いところと白い棒が長いところが違うというのがお分かりいただけると思います。黒い棒が長いところが「ぽっくり死にたい」人の理由なのです。白い棒が「少しずつ死にたい」人の理由なのですね。まったく違いますけれど、なぜぽっくり死にたいかというと、一つは苦しみたくない。長患いをすると痛みや苦しみがあるのではないかという思いですね。ですから、ぽっくり死ぬと痛みや苦しみがないのではないか、と、感じる方が多いということです。

二つ目は、「家族に迷惑をかけたくない」という思いです。日本人の嫌がる病気が二つありまして、一つは認知症です。認知症で死ぬってことはありませんので、認知症になることをなぜ嫌がるのかというと、「家族に迷惑をかけるのではないか」という思いですね。ですから、長患いをせずにぽっくり死にたいという思い。二つ目は、日本人が嫌がる病気ががんなのですけども、なぜがんが嫌かというと痛みや苦しみがあるのではないかと思っているわけです。これは後で、ご登壇される先生の方がご専門かもしれませんけども、欧米にいきますと、何で死にたいかって人気なのががんなのですね。欧米の方と日本人と死に方の希望というのもおかしいですけど、この質問自体がナンセンスなのですが、何で死にたいか聞くこと自体が。死にたい病気、最後にこうやって死にたい病気の人気上位に挙がってくるのもがんなのですね。痛みや苦しみに対する考え方というのも全然違うというのもあります。とにかく、ぽっくり死にたいという日本人が多いという死生観もありますけど、実は東大病院の緩和ケア病棟というところで亡くなっていかれる患者さんを拝見しておりますと、常々私が感じているのは、患者さんの多くに来世観がないということなのです。死生観も。例えば、この世では生きている、死んだら終わりという概念を持っていると、ぽっくり死にたいかがんで死にたいか、死に方にすごくこだわるのですけれど、死んだら終わりだという感性を持っていると、死ぬのがものすごく怖いのですね。死生観の醸成というのが、これからの日本人の課題なのではないのかなという気がしています。

レジュメで申し上げますと、今からお話するのが五ページ目の一番下のところを申し上げたいと思います。高齢者の核家族化、これがすごい勢いで進んでいるということです。一番上に今日持ってきたグラフが一九八〇年、一番下は二〇一六年、黒い部分がものすごい勢いで下がってきているのがお分かりいただけると思います。一九八〇年の段階では高齢者の半分以上は三世代同居だったわけですね。ところが、皆さんもご承知だと思いますけれども、全国で見ますと、二〇一六年ではものすごい勢いで減少して、高齢者の一割だけが三世帯同居です。この三〇～四〇年間で高齢者のライフスタイルというのが、あっという間に変わってきました。

問題は、日本人の感性、感覚、価値観がまだまだ変わっていなくて、なんとなく大家族で住んでいる年寄りの方が幸せで、一人暮らしの高齢者は可哀想というイメージを持っている人が、まだまだ社会の中では多いっていうのを実感するわけです。実は、三世代同居で住んでいる人の方が可哀想。それは疲れるということが肌感覚で、皆さんのようにお仕事されている方は実感されていると思います。まだまだ社会の中では実感されていないということがあると思います。先生方もお読みになったことがあると思いますけれど、大阪の眼医者さんが、『高齢期の一人暮らしは実は幸せ』という本をだされて、結構ベストセラーになりました。昔は姑が嫁を虐げる時代でしたけど、今は嫁が姑を虐げる時代ですので、元気であれば一人暮らしの方が実は高齢者は幸せだ、と。ところが、それを実行する社会の土壌がまだまだできていないという問題があります。

少し一人暮らしに注目してみたいと思います。一人暮らしがどれだけ増えてきているのかというのが、この黒い棒と白い棒の線が、バーッと右に向かってものすごい勢いで増えているなというのだけを見ていただきたいと思います。一番左の一番短いところは一九八〇年です。政府の推計ですから一番右にあるのが二〇三五年なのですけど、グラフはわずか五〇年間で、ものすごく黒い棒と白い棒が伸びているのがお分かりいただけると思います。棒が短い、長さが短い時代というのは、黒い棒がすごく少なく、短いながらも大部分を占めているのが白い部分だということが見ていただいたらわかると思います。白い部分は何かというと、女性の高齢者の一人暮らしの比率です。何故一人暮らしが多かったか、夫婦二人暮らしが増えた後、夫が先に亡くなったので、おばあちゃん一人残されたというパターンです。右に向かって、ずっともちろん白い部分も長いですけれども、黒い部分がものすごい勢いで増えてきているがお分かりいただけるでしょう。黒い部分は、男性の一人暮らしの高齢者です。これは夫婦二人暮らしで妻が亡くなって、おじいちゃん一人残されるという方ももちろんいらっしゃいますけども、そうではないということがこれからの問題です。これが生涯孤立の問題なのです。

この生涯孤立について、二〇一五年がどのくらいの数値かというのが六ページ目に書かせていただいております。二〇一五年の段階で男性が二三%、女性が一六%です。ですから、この数字だけ見ますと、二〇一五年の段階で二三・四%、四~五人に一人の男性は生涯未婚というイメージなのです。生涯未婚率というのをどうやって計算するかご存じない方もいらっしゃるといけないので申し上げますと、六ページ目の二行目に書かせていただいております。実は生涯未婚率って生涯と書いていますけど、五〇歳の段階で一回も結婚したことがない人は一生結婚しないでしょうという人の割合なのです。ですから二〇一五年に男性の生涯未婚率二三%だったということは、二〇一五年に五〇歳の人、今年五三歳の男性の二三%の人はまだ結婚していないということなのです。でも、五〇歳を超えて初めて結婚する人いるかもしれないじゃないのかよと思われるかもしれませんが、割合でいうと一、〇〇〇人に一人です。ですから、宝くじの末等にあたる方が当たりやすいというくらい、ものすごい確率が低いので、五〇歳を超えて結婚する確率というのは、ほぼないに等しいので、五〇歳の段階で結婚したことがない人は一生結婚しないと結論付けられるのです。

問題は、この黒い棒がいつから増えてきたかということなのです。一九六五年、今日持ってきましたけれど、一番左のところって凄く短いのです。どのくらい短いかというと一九六五年の段階では一%くらいなのです。このようなこと、今の社会の中でいうと大変な問題がおきますけど、未だにそういう考え方の人がいると思いますが、男は結婚して一人前。結婚しないとどこかおかしいのではないか、という価値観とかが普通にまかり通っていた社会が長らく続いていましたから、それこそ今でいうLGBQとか、それから結婚したい・したくない、すっ飛んで結婚するのが当たり前という社会だったので、生涯未婚率がものすごく低かったわけですね。これはとくに黒い棒がいつから伸びてきているのかといいますと、だいたい一九八五年と一九九五年の間くらい、一九九〇年あたりからものすごい勢いで黒い棒が増えてきているのがお分かりいただけると思います。一九九〇年に五〇歳だった人、この黒い棒、白い棒というのはその年に五〇歳の人でまだ結婚したことのない人の長さなのですけども、一九九〇年に五〇歳という人は今年七八歳になっているのですね。

このグラフから何が言えるかというと、これまでは介護を受けて、その後に死んでいった男性で一回も結婚したことがない人はほとんどいないという事実です。今年七八歳になっているおじいさん以降、一回も結婚したことのない人がものすごく増えてきたのですね。この人たちがこれから老い、病いになり、死に直面したときにどうするのかということなのです。今までそんな人がいないので、滅多にいなかったので、何となく私たちは子どもの代が大変だというのがわかりづらいのですけれども、こうやってみると、これからものすごい勢いで増えてきますから、どうするのかということなのですね。特に、介護は介護保険が導入されて、介護の社会化というのが少しずつ進んできているようには見えますけれども、特に死の問題ですね。人は亡くなりますと、これは日本では福祉の観点ではなくて、モノとして、家族や子孫のネットワークで面倒見ろという義務になっているわけです。ところが、結婚していないわけですから、配偶者や子どもはいないわけです。じゃあ誰が面倒みるのかという問題が非常にこれからの問題です。

一人暮らしの何が問題なのかという話をさせていただきたいと思います。これは六ページの（三）のところに書かせていただきましたけども、一人暮らし＝孤立化、社会からの孤立化というのが進んでいるという問題です。先ほども申し上げましたが、その実態調査ですけれども、六五歳以上の高齢者で、一番左の積み立てグラフをご覧下さい。男性の一人暮らしをしている方で、毎日、これ電話も含むんですけれど、電話も含んで誰かと会話している人って四九％しかいないのです。一人暮らししている高齢者ですから、一日中誰からも電話かかってこなかったとか、スーパーに行かなければ誰とも喋らないってことがあっても不思議ではないですが、びっくりするのが積み立てグラフの一番上に一五％と書いてあることです。これは二週間のうち一回も喋ったことのない人たちです。二週間のうち一回も喋っていない一人暮らしの高齢者が一五％、六人に一人の割合の一人暮らしの高齢者が、特に男性高齢者が二週間のうち一回も喋ったことがないということです。先生方も、二週間のうち一回も人と喋ったことがないなんてことは経験がないと思いますけれども、これが六人に一人もいるというのがにわかに信じられないような数字がでてきているわけです。問題は、例えば身延町で調査してもこんな人はいませんん、とみんな言うと思いますが、実際いないかもしれませんけど。東京二三区とか大阪市内で聞いても、こんな人が六人に一人、二週間のうち一回も喋ったことがない方が、皆さんの近所にもいますかと聞いたら、誰もうちの近所ではいませんって皆言うのです。何故かというと二週間のうち一回も喋ったことがない人と顔を合わせたことがないからです。こんな人がうちの近所に住んでいるなんて誰も知らないわけです。それが問題。この数字をみて、これ本当？本当かいなって思うこと自体が社会の問題で、これほど私たちが知らない間にも孤立が進んでいるということなのではないかと思います。

少し話は逸れますけど、私一番問題なのは一番右の夫婦二人暮らしではないかと思うのですけどね。夫婦二人で暮らしている六五歳、夫婦二人六五歳以上の夫婦ですけども、毎日会話している人って九割しかいないのですよ。変だと思わないですか。つまり一〇組に一組の夫婦は二人で暮らしているのに毎日会話がないってそっちの方が怖いなって思うのですけどね、私は。ですから、家族がいない人が孤立、誰とも喋らないっていうのはわかりますけど、何故夫婦二人で暮らしているのに毎日喋らない人が一〇組に一組いるかというのが、ちょっと問題かなって思います。

せっかく、一緒に住んでいる家族だけではなくて、死の話で申し上げますと縦のネットワークが弱体化しているということです。例えば、ソーシャルワークの問題とは絡んでこないかもしれませんが、四国の高松市というところの公用墓地の入口の看板がわかりやすいなと思って写真をお持ちしたのですけど、パッと見たら赤い部分がものすごく多いなというイメージを持つのではないでしょうか。これが赤い部分というのが無縁墓なのですね。高松市の公用墓地なのですけど、だいたい九割近くが無縁墓になっています。入口にこういうのがあるのですけど、これが無縁になったお墓の墓石の墓場です。こういうのがいっぱいあるので、大体今問題になっているのは、どこの自治体でもこういうお墓がどんどん増えてきているということなのです。これが何を示すかというと、単にお墓の問題ではなくて、なぜ無縁墓になるのかということを考えたいと思います。一つは子どもがいないとか家が途絶えたら無縁墓になるのではないかと思われがちなのですが、国民の三～四割が子どももいないし、家が途絶えるなんてありえないわけで、子孫がいるのだけども無縁がすすんでくるという。先ほど、若い学生が「おじいさんおばあさんは家族でない」というと、「親族だ」、「親戚だ」と言うと申し上げましたけど、血縁ネットワークが弱体化している。その大きな一つは生まれ育った場所で死んでいくというライフスタイルの人が減っていく。核家族が増えたことによってこういう問題が起きてくるということですね。

今、私も一緒にこの制度を作ったのですけど、横須賀市という所が神奈川県にありまして、「私の終活登録」という事業を五月に始めました。これは何かというと、子どもがいても、家族がいても、これだけ核家族化が進んでくると、自分がこれからどう生きたいのか、親の情報を離れて暮らす子どもたちが知らないというケースが非常に増えてくるということなのです。誰かが、市民の意思や思いを代弁するところが必要なのではないのか、それが別にどこでもよかったのですけど、私は市と一緒にこういう事業を立ち上げてみました。例えばここに書いてある、十一項目すべて書く必要はないですけれども、自分が登録しておきたいことを市役所に行って登録するのですね。条件は市民であれば誰でもできますので、何歳でも構いませんし、家族が一緒にいてもいいし、一人暮らしでも、誰でもいいのです。この事業を始めた所、ものすごい数の方が市役所に登録に訪れたのですけど、実は一人暮らしの方や子どもがいないという方ではなくて、家族がいらっしゃる方の登録が多いのです。もちろん一緒に暮らしている方もたくさんいらっしゃいますけれども、子どもと離れて暮らしているのでしておきたいという方なんかもたくさんいらっしゃるようですね。そこで結構重要になるのが、自分がどう老い、どう死にたいかという意思を持っておかないと登録できないですね。例えばですけど、エンディングの六番にエンディングの保管先、預け先とあります。これは自分がどんな風に死にたいかとか、どんな葬式をしたいかということを市役所に預けるのではなくて、書いておいてもらってそれがどこにあるのかという情報を一回市役所で預かる。でないと、市民の意思をすべて市役所が把握すると、それこそ行政の人たちが大変なことになってしまいますので、預け先にしている。これを一つは、一人暮らしの人でも家族がいる人でも、自分の意思を無駄にしない、誰に託すのかというのがこれから問題になってきますので、市でこういう情報を預かっておけば、一つは市民の意思が、生前の意思が無駄にならずに済むということもあります。それよりも大きな一つは自分がどう生き、どう死にたいかということを市民の方に少しでも考えていただく契機になればいいなと思ってこういう制度を作ったのです。全国からいろん方の視察が相次いではいるのですけど、この制度って市役所の担当者がすごく大変なので、横須賀市から始まりましたが追随してくれる自治体がないっていうのが現実です。別にこれは市役所がやる必要は何もない訳で、企業がやったって、地域で、町内会でやったっていいわけです。これからの問題は、家族がいるということが前提ではない一人支援世帯において、誰が一人一人の老いや死を支えるのかというのが問題なっていると思います。

　最後に、ちょっと驚くべき写真をいくつか見せたいと思います。これは、横須賀市の無縁の納骨堂の中の写真なのですが、パッと見ていただいて、納骨壺に皆名前が書いてあるのがお分かりいただけるでしょうか。こういうところに預けられる方というのは、身寄りがない方とか身元が分からない方というのはほとんどいなくて、実は名前もわかるし、親戚の方がどこにいるかというのもわかっているのです。親戚が市役所に「面倒見切れません」って持ってくるケースが圧倒的に多いのです。何故そういうことになるかというと、何十年も会ったことがない甥っ子に突然警察や老人ホームから電話がかかってきて、あなたの叔父さんと思われる方が死んだのでどうにかしろ、みたいな連絡が入ってくる。そうしますと、昔は世間体とかありましたから、叔父さん叔母さんの遺骨を片付けましたけども、今は何十年も会ったことのない、はっきりいうと他人の叔父さんの遺骨を何で面倒見なきゃならないのだという方が非常に増えてきていて、この遺骨をどうするかというのもとても重要な問題になっています。市民が持ってくるもので、市役所の棚の中に遺骨が預けられているのです。市役所の棚こういうところで管理しなくては、毎日毎日納骨堂に持っていけませんので、市役所の人たちも。これをどうするのかという問題があります。

これから成年後見人の方々もこの問題に直面していて、生きている間後見人がついている方は、亡くなった後に面倒を見るご親戚のがいらっしゃらない方が多いので、市役所の中にこのような遺骨が増えてくると思います。最後にこのスライドを見ていただきたいと思います。先程家族の話をしましたけど、先祖は誰ですかと聞いたものなのです。先祖というと、辞書で引くと代々に最初の人から順番というイメージがくるのですが、これを見ると、一番多いのは自分の親とか近親者を先祖だと思っているということですね。つまり、人と人との繋がりがないと人は支え合えないというのを示していると思うのですけれども、上にタイトル書きましたけども、先程病院にいると来世観とか死生観がないことが気になるということを申し上げましたが、現代の日本人というのは誰の死を想定するかで異なる死観、死生観を持っているのではないのかというのが私の考え方です。つまり、死んだら終わりだっていう死生観を持っている日本人が多くなっているという話を申し上げました。

それは私が死んだ時なのですね。ところが大切な人が死んだ時に、死んだら終わりと考える人は非常に少ない。せいぜい見守ってくれているという感覚は持っているわけですね。つまり、それがもう来世観も仏教的な構造も来世観がないということの証でもありますが、同じ人は私が死ぬ時と大切な人に死なれる時で、感覚が、死生観が違うということがまた一つ大きな問題で、私は今起きている終活ブーム、終わりの活動という終活ブームというのが非常に危険だと思っています。これは事後診断終わりという前提で考えますから、当然診断と葬式もいりません。家族に迷惑をかけたくないという思いを持ってきているので、ますます家族や地域が孤立して、「孤」の人たちが増えてくる。これは、果たして毎日の生活ができなくなった時に、誰がどう支えるのかということが社会の大きな問題になってきているのではないかという問題提起をさせていただいて、私の話を終わらせていただきたいと思います。ありがとうございました。

◆池上先生

小谷先生ありがとうございました。「どうやって死んでいったらいいのか」、僧侶でありながら間近にそういう人たちがたくさんいるわけなのですけど、数年前家に電話がかかってきまして、訃報でした。うちの檀家さんだったのですけども、「場所は?」と聞くとカナダのオタワ、よくよく聞いたらうちの先代の時にご信者になって、長崎で本人と面会して、そのまま信者になったと言ってカナダに移ったオランダの方、残った娘さんが「お骨をどうにかしてくれ」と。行ってきました、カナダに。まだ三月の雪がたくさん降っているときに。そういうような例もちょっとあったりしています。非常に悩ましい問題であるなというように思いました。本当に、小谷先生ありがとうございました。

続きまして二人目のシンポジストです。近山恵子先生をご紹介します。近山先生は研究者というよりも、優れた実践家でございます。何の実践をされているかというと、それはプロフィールを見ていただけますとお分かりになります。まずは個人問題として抱えた高齢者の老後のあり方というものにご自身が直面していくところから始まり、そしてそれを解決していくためにはどうすればいいのかということで、民間企業の中で、デイサービスセンターというものを開所していくというプロセスになります。その後、各所に、今度は「ゆいまーる」シリーズという、所謂介護のための施設ではなくて、より良く生きていくための施設。「施設」といった方がいいのか、「終の棲家」といった方がいいのか。それはそれはいろんな場所に建てられました。今日お話ししていただけるのは、那須で開かれた「ゆいまーる」。「ゆいまーる」とは沖縄の方言だそうです。実は、こちらに山梨英和大学の黒田先生が今日お越しになって下さっています。山梨英和大学さんとは、我々は、山梨大学を中心とした「COC+地の拠点」によるプログラムの中でCCRC部門を一緒にさせていただいております。コミュニティケア、リタイアメントコミュニティという一つのテーマをもとに高齢者の移住に関する問題をどうしていけばいいかということで、山梨県内をいくつかのモデル地域にわけて展開していくということです。その先例を近山先生がお作りになって、ということで、先程の小谷先生の終の棲家としての老後の場所、それから亡くなっていくというプロセスをどのようにして個として受け止めていけばいいのかということについて実践的なグループワークを展開して、実践的な生活問題として向き合っていらっしゃいます近山恵子先生をご紹介させていただきます。それでは近山先生よろしくお願い致します。

◆近山恵子先生

近山でございます。よろしくお願い致します。座らせていただきます。今、小谷先生のお話を聞いていていろいろ思い出したことがありまして、実は私たちコミュニティネットワーク協会という活動で全国を再生して元気にしていこうという仕事をさせていただいているのですが、ですので個人のニーズをお聞きして、そのニーズを事業者にお渡しして、事業者に新しい視点から今の暮らしに沿うようなもの、町づくりとして可能なものを提案していているような生業をしているのですが、これ誰もやらないと自分たちでやるというやり方をしているので、実はお墓を三つやっているのですよね。それは共同墓地です。大阪、関西に一つと東京に一つ、それからどうしてもということで散骨と、犬と猫も家族である。私たちの暮らしは犬猫全部、自分が家族だと認めたら家族という考え方しているのですけど、ですから戸籍上も一切関係ないのですけど、それで散骨と犬猫ということで那須にそういう場所を作って、必要があって、「一般社団法人コミュニティネットワーク協会」では三つの共同墓地をやっています。まだまだ評判がよろしいようです。

それとですね、もう一つは、私、実は新潟の田舎の出で、地域みんなで浄土真宗なのですね。そのおばあさんが、私が今六九歳ですけど、小学校六年の時おばあさんが亡くなって、おばあさんが仏壇の横に寝たきりで亡くなるまでお寺さんを何度も呼びに行くのですね。それでお参りして、おばあさんは安らかで私もわからないのだけど一緒に（お念仏を）お唱えするとかね、そういうような形で家族を見送ってきて、お医者さんが往診してくれて地域で送ったというのが、私の小中学校の記憶ですね。それと出産も、うちの母、助産婦でもあったのですけど家で出産したような時代で、本当にものすごいスピードでいろんなことが変わったのだなと思って、改めて先生のお話を聞いていましたね。私が介護に携わるようになったのは、母親が三四、五歳の時に脳梗塞で倒れまして、今でいうと寝たきりですね。介護度三～五くらいになっちゃって、結局私が病院に勤務していたので割と一般的な方よりも長く病院にいることができたのですが、病院は生活の場ではないので退院があるわけで、じゃあどこにどう退院していくのか、どこで現実的な生活をするのかということで今日皆さんの前でお話しするようなことになってしまったのですが、その時は介護保険もございませんし、それから介護っていうのが、今まだ中国もそうなのですけど、介護の概念がないものですから、「お世話をする」という感じで、特別養護老人ホームは大部屋でアンモニア臭が漂ってオムツ替える時も皆裸で尊厳どころか、お尻丸出しにしてやられた時代なので、どうしても、そこに母親は入れたくなかった。全ての専門家から退院後家では暮らせないから特養に行くべきだと説明を受けて、もっと酷いのは、婦長さんに「私なら仕事辞めちゃうわ」と言われて、私は母子家庭だからよかったのですね。私が辞めると生活が成り立たないため私が辞めることができなかった。ラッキーだったのですよ。これがもし夫でもいて稼ぎが良かったら、たぶん仕事を辞めていたのですね。いろんな世情がありまして、それに抗いながら自分で作るしかないというところまでいってしまったのです。ですので、私が今日これからご紹介するのは、素人目線、当事者ですね、私はこういう場所でしか暮らしたくない、こういう老い方をしたいということでしか、私たちは作ってこなかったので、それは多少役に立てればありがたいし、ここまで小谷先生が今言われた人口構成が変わると集中せざるを得ないと私は思いますので、そういう選択は善かれ悪しかれ、どうやってそれを合意形成していくかというのも非常に大切なことだとおもいます。善かれ悪しかれ、もう一回そのいき場所のない人のいき場所を作ることは非常に大事なことなんじゃないのかなと、私自身は思います。本当に先生がおっしゃるように、孤立している人が増えているのです。わたしは統計などわからないので勘ですよね。

妻に先立たれて入居する男性がいるのですよ、男性わがままですから、俺は妻の一年前には死ぬと。それから妻の世話になるからこんなところには入らないって、こういう人が割合いまして、ところがそれはそうではなくて、夫婦の合意で入居するようになり、その後男性のシングルがすごく増えてきて、というのもあってなかなかいい感じなのですよ。願望ですけども。こういう統計上の話だったのだなと今日改めて感じました。

今日お話しさせていただきますのは、そういう社会、一般社団法人コミュニティネットワーク協会が何故そういうことをしているのかということと、何を作ってきているのかという、当然課題がとても多いのですけれども、新しい道ですから。それを、できれば皆さんが自分の地域で試みてくだされぱとても有り難いなと思います。一般社団法人コミュニティネットワーク協会は、自分らしい暮らしをしようということを提案していまして、居住型医療福祉と言っています。これ実は、私どもの当初の会長は医者なのですね。今おっしゃったように医者は一番、病気にはなりたくはないけど、死にたい病気はがんです。本人はがんで死ねてラッキーとかいって死んでいきましたけど、在宅で自分が唱えたような形で死んでいきましたし、仏教とは非常に近い関係で地域活動を私たちはしております。自分の完成期と言いますのは、死ぬまで生ききる、生まれたら終末なのではなくて、生ききった者こそ人生が完成していくのだという考え方をしようということで、「完成期」と言っていますが、自分の意思とそれだけでできる暮らしをしようという、当たり前ですが、文化的な活動をして交流をして暮らす。最後まで仕事も含めて社会的なものである。そのことを地域の社会資源で行いながら、一人でも利用してくださるような地域包括ケアを作っていこうという風に考えて活動しています。私たちは一般社団法人ですので、直接事業に携わることはできません。私たち自身はそういう考え、ニーズを広げながら、その出会いですね、高齢者住宅情報センターやいきいき福祉センター、グループ暮らし情報センターというのは、そういう人たちのニーズ、具体的なニーズを把握しマッチングさせ、新しい暮らしの場所にいざなう場所です。それを事業とするのは株式会社ですので、私もこの間致し方なく那須まちづくり株式会社というところの社長となりましたけども、そういった事業を起こすための会社と連携しております。そして、誰でもどこでも自分らしく暮らすというのが基本ですので、当たり前なのですけど居住福祉という観点がほとんど日本にはなかったのです。福祉というとちょっとボランティア的廉価という考えがありまして、経費を安くあてるために集中させちゃうというやり方、施設型ですよね。ですが、ようやく一昨年くらいから社会学者の方から、住まいも福祉であるという、当たり前のことが言われ始めまして、居住福祉という、私たちは最初から言い、そこに継続的なコミュニティを形成することで成り立つというように考えて来ました。ですので、地域住民と自治体と企業とが一緒になってできるところから同時にやるというようなやり方です。高齢者住宅を作れば何とかなるとか、福祉政策が上手くいけば何とかなるということではなくて、自分たちが理想的な地域づくりを考えた上でそれを同時にやる。そのために、誰とどのように組めばいいのかと思ってやっているんです。できれば、行政のお手伝が少しあって、民間が動きやすくするのがいいと考えて、提案をしております。

地域でする暮らしというのは、かけ言葉みたいなものですけど、経費をかけないで豊かな暮らしができると思っていますので、それを衣食住、普通は衣服の衣なのですけども、命の問題と、食という経済ですね、それから住まいは当たり前と。そこに、文化的であること、そこに周りが一緒になると素晴らしい地域ができるのではないかという考えをもって行動しております。その試みを富山でやっていまして、ここに載っていない名古屋の団地が一つ出来上がったのですけれども、多様なところですね。団地、再生事業のお手伝いですので、団地には非常に空き家があります。所謂公団はこれを隠しています。なぜならば、非常にたくさんの空き家があるのですが、それがあって尚且つ経済的に倒産しないということは、家賃を下げられるであろうという想定が成り立つので、オープンにしておりません。ですので、数は把握できない。利用者は少しですけど、物凄くたくさん。それと過疎地ですね、過疎地は当然人口減少があるのですけれども、空き家はたくさんあるのでそれを活用できないのか。それから駅前の再生の失敗は非常にたくさんありますので、ここを再生してみようということで、だいたい三つくらいに分けまして、一般社団法人コミュニティネットワーク協会にご相談のあったケースでやれそうなものをやっています。やれそうなものというのは、私たちの力が未熟であることもそうなのですけれど、皆さんが次にこれを真似すると、何とか誰でもできるよというような事業スキルができるものをやっておりまして、基本的には全部黒字でやっております。今日は二つしかご紹介できませんが、那須の「ゆいまーる」などというところは、四、五〇〇人くらいの小さな町ですので、ある種、お役に立てるかもしれません。団地を最初にお話しますけど、この団地は、大体日本の大きな団地は、首都圏の団地は、四〇年か五〇年前ですね、日本が高度成長するために、労働力を地域から急に集めるために作った仮の住まいですけれども、そこが高齢化して空き家がどんどん出ています。これ自身は非常にたくさんの団地の事例があるのですが、ここはですね大体一五、〇〇〇戸ありまして、変遷があるのです。まず、賃貸の団地を出す。それから団地の分譲に移る。そして、その地域の一戸建てに住む。これを団地スモールドと言っていまして、団地の居住者は、戸建て住宅に住み替えるというのが夢なのです。では、夢を実現できない人はどういう人かというと、所得層が低い人という結果になります。非常に所得層の低い人たちが残ったと、住宅販売会社は分析しているのです。ところが、私たちの分析では、そうではなくて、この団地って凄く銀座にですね、地下鉄を利用すると三〇分くらいで行けちゃうのですね。それで、どんなに少なくなっても一〇、〇〇〇人近く住んでいますのでいろんなものがあるのです。それと高齢化率が四〇％以上、板橋区は二三％くらいにも関わらず、団地だけで見ると四〇％以上なのです。何故かと言うと、団地内は一〇分くらいで歩けるのです。ただ歩いて暮らす町なのです。そこに、つまり、患者さんがいっぱいいる、ケアするべき人がいっぱいいるので、医療と福祉が伴うのですよ。それで、高齢者にとって非常に暮らしやすい町になっちゃう。尚且つ、樹木が多くて車が入り込まないということで、非常に首都圏にとって暮らしやすい場所。ここをリニューアルすることで多分いけるだろうという風に想定しました。

もう一つ、販売会社はそういう風に住宅販売してきたので、低価格の人しか住まないと思っていたのですね。私たちのニーズは違うのです。女性とか高齢期になると、保証人がたてられないのですね。それでお金があっても、住宅を賃貸で借りるって非常に難しいのです。ところが、販売会社のユアーズさんは六カ月分積めば、誰でも入れるとしたのです。お金だけだから。そうするとですね、ちゃんとした住宅整備をすれば、きちっとお金を持った首都圏暮らしをしたい、自立したい人たちが、特に女の方達が入るという想定をされました。実はここ私たちがサービス付き高齢者住宅にリニューアルした時の値段はですね、普通ユアーズさんが六〇、〇〇〇円でやっていた部屋を九〇、〇〇〇円で販売しました。それで尚且つお一人様。周辺の事情はすでに説明した通りです。

でも、残念ながら日本の福祉サービスは家族がいることを前提にしておりますのと、二四時間のヘルパーさんがいないのです。

それで在宅が成り立たないわけです。この二点で。ですので、そこをカバーすればお金を持って自立した人たちがくると想定しましたので、フロントを設けて緊急対応と相談、それから介護保険とお世話隊を作ることによって、新しい自分が住むことを想定しまして、それは成功しました。それで、ユアーズさんとしては失敗するだろうと思ってやりましたから、私たちにそのことを言いましたので、最初五〇〇戸あると想定されている空室を、三〇戸だけ売り出されたのです。ところがすぐ満室になりまして、今では、五〇戸近くになっています。ここですよね、ニーズがどこにあるのかということを把握しなければ、新しい暮らし方を支えることが事業体としてもできない。転身することもできないので、そこに焦点を当てるべきだと私は思います。それで尚且つ、それをやっているうちに、東京都と話し合いをしたときに、誤った認識を見つけたのが、高齢者住宅は施設だと思っていたのですね、全ての人が。ところがそんなこと法律には書いてないのです。それで、空き家を全部バリアフリーにすればいいじゃないかという話になって、届け出でオッケーになりました。ほかの県からはオッケーは出ておりません。何をしたかというと、そうするとですね、高齢者のニーズは自由で暮らしたい、多世代で暮らしたい、出来れば在宅でくらしたい、この三つなのです。そのことがこれ全部可能になります。尚且つ、はっきり言えばバリアフリーにする意味とは車椅子使用ですから、そこまでバリアフリーにする必要はないのですよ。そうするとノウハウが必要なので、三〇戸のなかで作り上げることで、他の住民にこのサービスを提供することができる。ということで、もう四～五〇回、今では大体六〇回くらいになりますけど、この団地で住み続ける会というのを作ったのです。ひとつのものを作ると全部できていくということですね。こんな風にして作りました。いろんな目指すものから作ることもやっていくわけです。それで、もっといいことは、四年経っていますので、いろんな市民団体ができました。ところが最初はガラガラだったのです。このプロジェクトを地域型にするために、呼びかけをしました。それで、板橋コミュニティスペース連絡会というのがすぐ立ちまして、これで何がよかったかというと、行政と市民が一致できたのですね。それで行政が何を怖がっているかというと、市民団体が反対運動で盛り上がると困るということらしいので、皆の困り事をちゃんと話し合う受け皿で何回も板橋コミュニティスペース連絡会運営会議を遂行しました。それでこんなにたくさんあったのです。みんなバラバラだったものが一緒になって、板橋区も巻き込んで、いま介護保険法に入っていて、前期高齢者がややこしくなっておりますが、そこのことを全部ここの市民団体で受けられるくらい成長しております。この活動で若いニートの子が一人独立しましたし、商店街が空き家のところを全部、集会場にして活気がでたという事例になっています。

もう一つは過疎地です。これは団地ではなく別荘地が疲弊していくということで相談がありました。ところがやっていくうちに、そこがここだけですけど倒産する羽目に陥りまして、なかなか彼らのニーズを、逆に言えば別荘をくるくる回るという車の中にソフトを入れればよかっただけなのですが、いろんな相手先の、相談先の経営的事情がありまして、山一つやることになりました。山一つを（事業の対象として）やるということは、限界集落に家をつくるみたいなものですから、やっちゃいけないということで、ここにすべてのものを、町として取り込むということで、独自産業ですね。森林の牧場、高齢者住宅、多世代住宅、温泉もあるものですから西洋医学では治癒できないものを東洋医学でやろうといことで、ドイツのバーデンバーデンのようにやろうということを最初考えました。これ自身を二〇〇七年に調査に入りましてオープンさせたのが二〇一一年です。その間、見学や話し合い（暮らし方）、個別の悩み事を解決するにはどういう形がいいのかということで、対応や活動をしてまいりました。それで、いまのこういう場面です。これ自身は高齢住宅のみならずコミュニティに意味が合うということで、居住の類の賞を七種いただき、加えて第一回高齢者居住安定化モデル事業選定事業（一般部門）に選ばれ一億円の補助金が入りまして、それを全部住宅に投下しましたので、その分安く提供されています。この「ゆいま～る那須」はユニット型式です。七〇世帯なのですが、全ての元気な高齢者が互いを見守りながら暮らすという仕組みになっています。そして多様な生活に必要なものがあります。ですので、食堂、ゲストルーム、図書室、音楽室、自由室がありますが、自宅以外はお招きするシステムや自分たちが文化的活動をするものについては、共有のスペースとして、自分たちの住んでいるエリアにあるということになります。そして、住宅ですのでわざわざこういう場所を急がせたのは、普通の家ですよってことですね。随分違いますよね、これが私の家です。私は高校時代、女子高だったのですけど、友達と一緒に契約しています。住まいですので何を持ち込んでもいい訳なのですけども、そういった至極当たり前のことですが、歩けないと住まいじゃありません。寝て起きて顔洗って食堂行くなら、そこは寝室です。住まいは、自分の一日の生活がバランスよく暮らせることが住まいですので、基本的に最低の広さは必要だと思います。そして、一緒に住むっていうのはどういうことかっていうと、新しい暮らしですので、全ての人たちが役割を持つということです。庭いじりは当たり前ですけれども、一緒に物を作ったり、食べたり、それからカフェですね、行事をやったり、カフェのお手伝いを、本当はカフェ会社です、事業者です。ですが、ボランティアをします。マリンカフェみたいですね。その隣の牛の世話をしているちょっと小太りの子は障害者です。ですから障害者と高齢者と事業者が一緒になって、こういった成り立ちにくい場所の事業を支えるというやり方をしました。

もう一つは価値の交換と支え合いと仕事ですけれども、美容の利用などは価値の交換です。かつて自分がやってきたものを、もしくはやってあげられること、買い物とか話し相手とかそういうものについては自分が（という人たちが使える）まーる券というハウス通貨ですね。地域通貨は難しいので、ハウス通貨にしましたが、そういうものと交換しましょうということでやっております。運転や天ぷらとか蕎麦作り等は、これは仕事です。ですので、人が集まると必ず仕事ができるということで、こういった収入を生むことによってできた仕事は、入居者と地域の人が一緒になって仕事をすることを可能にします。そのことをどうやって成長させていくかということを課題にして、話し合いをたくさんもっています。運営懇談会、定期的随時の話し合い、そして保守ですね。

もう一つですね、みんな分け隔てない社会をつくるための施策、これとても大事なのですが、自分が何者であるのか、なぜここで生活するのかということを互いに分かり合うことで理解促進が可能になります。こういった場とか話し合いを非常に大切にしています。それと文化的活動につきましては、これプログラミングのものですね。本物に接するということ。当然辞める人もいますけど、基本的には本物の方たちを連れ、地域の人とご一緒するというやり方をとっています。これは支え合う暮らしですが、自分たちの地域をよくする仕事ってワーカーズコープといった働き方がありますが、自分たちが全員社長ですね、株主になるんです。一万円以上出資しまして、地域にないけれど、なかなか仕事になりにくいというものについて自分たちが働くと、それは一時間でもいいし終日でもいいし、その人の価値と働き方で支えていくっていうやり方です。こういうものを全部収入とする。もしくは、地域に必要になってきます。ただ、新しい暮らしをするためには、今まであるところは自治がずっと生きておりますので、いろんな形があると思うのですが、全て新しく作らなくてはなりませんで、このコミュニティを形成するためにこういったモノが必要ということが出てきます。部会というのは入居者だけでやっています。花と緑の部会などは、緑がいっぱいありますので、私は見るのは好きなのですけど、自分でやるのは嫌いなのですね。身体的にもできない人がいます。そうした場合については事業者と話し合って、一〇〇万円程度の予算を立てて自分たちでやる。もしくは、シルバーさんを雇う、というようなやり方をしています。本当に今まで足りないと言われていたモノが、本当に足りないのだろうかという検討をしました。それからシェアですね。シェアして働く、そのコミュニティの中で解決していく。これは地域も含めます。こんな形で、多様な働き方、多様な関わりができてきます。

ゆいまーる那須を作りました時に、経済的には入居する住宅が

一、〇〇〇万円で、ランニングコストが月一二万円くらいで暮らそうということを考えました。これはバブルが弾けまして、首都圏では高齢者住宅が三、〇〇〇万〜五、〇〇〇万円がごく普通だった時代から、同じ人の年収が二、〇〇〇万円以下になってしまったのですね。それで、その金額を実現するためには、少なくても首都圏からちょっと離れた場所でなければならない。つまり、住宅の広さ、並びに生活の質を維持するための最低金額です。月一二万円というのは、女性で管理職にならなかった人の年金です。それと専業主婦の夫が先に死んだ時の年金の額です。これで暮らせるという仕組みにしました。それをやりましたら、もっと安くしてください、国民年金で暮らす人いっぱいいますよと言われまして、それであればどうやったらいいのかということで、住宅を個別にしないでもっと集合型にするということで、シェアして暮らす、シェアして働くというような考え方をしました。これをやるのは、私でもいいのですけど、誰かトップリーダーが必要です。経営も含めた形で。それが地域プロデューサーと言いまして、（私が所属している）コミュニティネットワーク協会でその協力をしております。こんな形でやっております。資料はみなさんが後で見てください。それをどういった形でやるかっていうと、民間主導型の会社を作る必要があると思っています。なかなか行政が応じてくれませんが、行政が二五％の出資をすることで、総責任を取らなくていいという手法がございます。ですので、私自身は「那須町づくり株式会社」（二〇二〇年十一月五日「地域づくり表彰」で、今年度から新しく加わった「小さな拠点部門」の最高賞である国土交通大臣賞受賞）というちょっと行政っぽい名前を付けたのは、これ自身は町に持ち込めないのですけれども、理解してもらえないのですね、それで長期的には町に入ってもらいたいということで、まずしてみせようということでやっています。民間主導型の事業体が、もしかしたら必要になる可能性もあります。こういった場所がゆいまーるの近くにできましたのでこれを広報しまして、今までの強みを生かして地域をコンパクトシティにしようということと、将来入ってくるのは認知症の人ということで、国交省に応募して「高齢者居住安定化モデル事業」に選ばれました。多様な、先程言いました、誰でもがどこでも暮らせる仕組みということを全部この中に入れましたので、非常にてんこ盛りの事業となっております。ただすごくありがたかったのは、時期ですね、今ピンチなように見えますけど、チャンスだと思います、このすべての事業体は参加のための営業をしなくても、全部やってきました。チラシ一枚だけでした。皆さんにお配りしてあるのが、その資料なんですけど、今でも介護事業所がしたいということで、私も一昨日ですね、連絡がございましたが営業しないでちょっとした広報活動だけでこれだけ集まったのは、三〇年間仕事して初めてのことでした。ですから時代です。

こういったことをやっているのですけれども、こんな形で地域の枠と組み合わせをしながら、地域の中の過疎地をどうやって再生していくのか。私はここをやるときに人が集まらない、ここ実は那須町の中のさらに過疎地なのです。今那須町に二万五、〇〇〇人でどんどん人口が減っているのですけど、それが過疎地と言われているところですが、私はそこがよかったと思っているのですよ。つまり既存のですね、事業者さんがいると来るなというのですよ。俺たちの仕事を邪魔するのかよという形になっちゃうので、誰も来ないでしょ。みんながやっても潰れるにちがいないと思った場所に進出したのですよ。こればっかりやっているんですよ、うち。大丈夫です。ニーズさえ把握してれば大丈夫ですので、それがこんな形になったのですけど、それもお配りしてありますので、私としてはこんな形で多世代が暮らせればいいなと思っています。すいません、時間かなりオーバーしました。失礼します。

◆池上先生

近山先生ありがとうございました。実は本学の目指している一つのモデル形式の中に、今ご紹介いただきました、一番最後のコンパクトシティの考え方がございまして、本学でも身延町は一二年前に統合しておりますが、当時の人口が一万八、〇〇〇人いました。今現在一万二、〇〇〇人わずか一二年間で三分の一の人口減少、しかも高齢化率は四三%です。ということは若い方はどんどん、どんどん都市部に出てしまっていて、定着人口が上がらないということで、かつて七つあった小学校は現在四つです。四つありました中学校は一つになりました。現行報告はさておき、近山先生本当にありがとうございました。非常に実践的なお話で、本当は二日くらいのプログラムで、具体的な演習を含めてですね、事例を扱ったセミナーをしていければ一番いいのですけれども、残念ながら台風が近づいておりますのでそういうわけにもいきません。ありがとうございました。

三人目でございます。高野山大学の教授をされております、井上ウィマラ先生です。ご出身はなんとこの山梨県でございまして、お隣の富士川町の見所、かつて増穂町というところでお生まれになりました。京都大学に進まれましたが、京都大学面白くないということで、アメリカに渡られまして、当時の最新の研究であったマインドフルネス研究の日本における先鞭をつけられたと私は理解させていただいております。マインドフルネスという言葉が巷に流行する以前、瞑想修行というものと私たちの身体の関係が、例えば仏教経典、特に初期仏教経典の中でどのように記述されているか、といったようなところをご研究されておりますし、実践家でもあり、高野山大学ではスピリチュアルケア学科の

中心的教授としてご活躍されております。その具体的な実践方法はといえば、ストレスを抱えている人のそれを取り除くためにどのように瞑想を活用できるのかということを、流行に左右されない方法によって、非常にオーソドックスなやり方で社会に還元されている活動もなさっております。今日はその実践面も含めながら、超高齢化社会に向けてのストレスといったものとどう向き合っていけばいいのかということを、ライフビジネスという言葉をキーワードにして、お聞きしたいと思います。では、井上先生よろしくお願いします。

◆井上ウィマラ先生

こんにちは。紹介していただきました井上ウィマラです。私が今日お伝えしたいことは、今までお二人の先生が語ってくださったような超高齢化社会にさしかかった、もう少し具体的に言うと団塊世代とそのジュニアの世代ですね、その団塊ジュニアが第三次ベビーブームを作れなかったのはなぜか、そして作れなかったがゆえに今抱えている問題を社会全体でどういうふうに受け止めていったらよいか、そんなことにつながっていく問題だと思います。具体的には、「どのように死んでいきたいか」、「どのようにその時を共に過ごしていきたいか」、「そのためには何が必要なのか」ということをしっかり話し合うことの大切さにつながります。

それはおそらく、戦後の日本社会が失ってきたもの、あるいはやるべきことをやらなかったことのつけを払うということにつながってゆく問題です。新しい社会を作っていくための中核となる問題が、超大量死時代に向かい合うという問題であり、その背景には戦後日本の歩みが隠されているということになります。

そういう作業の潤滑剤として、マインドフルネスが果たす役割についても触れます。カタカナだとマインドフルネスですけど、私たち日本文化の基盤になっている仏教の中では念、「今の心」と書く念ですね。この念をどのように使っていくか、がテーマです。マインドフルネスというと新しい感じがするかもしれませんが、念という言葉を通して、「ありがたい」とか、「もったいない」とか、「おかげさま」とか、私たちの伝統的文化や精神の中に蓄えられてきた大切な部分を取り戻してゆく作業になるかと思います。

先程の、地域仏教の話を聞いて思い出したのは、アメリカにいる時に、マインドフルネスのブームを作った連中と一緒に過ごす体験があり、そういうセンターの人たちがやっている活動の裏側を全部見せてもらいました。やはり、マインドフルネスがブームになるためにはコミュニティ作りが必要でしたね。お金を集めることだけじゃない、研究者を集めることだけじゃない、コミュニティ作りが重要です。その人と人のつながりをマインドフルにやってきたその成果がこのブームです。このブームの背景には脳科学の研究があったりデータ解析の問題があったりしますけれども、ここまで整備できたのはそれなりの心遣いがあったからです。その心遣いがマインドフルネスそのものです。

ちまたではMBSRとよばれます。マインドフルネスに基づいたストレス緩和のプログラムが『マインドフルネスストレス低減法』という本になって出ています。一九七九年にジョン・カバット・ジンという人が作りました。彼は分子生物学者で、マサチューセッツ工科大学で分子生物学でノーベル賞をとった人のもとで博士号を取得した人ですから、それなりの科学者です。お父さんも優秀な研究者だそうです。優秀な科学者が仏教の瞑想を体験して、「こんなに役に立つものなら、現在の苦しみが集まってくる病院で使えるプログラムをつくろう」とインスピレーションを得て、八週間のプログラムを作ったわけです。

最初は、マサチューセッツ大学の附属病院の地下室、窓のない部屋で、近辺の病院でお医者さんからさじを投げられて行きどころのない困った患者さんたちを集めてやったそうです。このプログラムはEBMの先駆けでもあり、インテークとフォローアップのデータをしっかりとって統計解析をして見せたので、ここまで広まることができました。非常に多くの人が体験しています。最初は痛みの問題から入ったのですけど、それから、高血圧、摂食障害、最近では心の問題であるパニック障害にも効果が認められました。うつ病の再発予防に投薬と同様かそれ以上の効果があると実証されたことが大きな画期点となりました。最先端では、PTSD治療の中核技法にもなり得ると言われています。

マインドフルネスを今風に定義すると、「注意・集中力を高めるための体系的なトレーニング」ということになります。一つひとつの瞬間、「今ここで何をしているか」に純粋な注意力を向けるということです。純粋な注意力（bare attention）というのが一つのカギです。bareというのは素っ裸という意味で、良い悪いという衣を着ていないことです。私たちは何を思う時にも善い悪いを決めつける無意識な癖があるのですけれども、善悪を決めつけることを離れて、たとえ怒りの心であっても、「何が起こっているのだろう？」というふうに見守っていくのが、マインドフルネスのベースになります。そうしているうちに、今まで意識しなかったことが自然に自覚できるようになります。その結果として、リラックスしたり、洞察力に富んできたり、あるいは、痛みを受け止めることができるようになったりします。その一つとして、死を受け止めることができる、死に向かい合っていくことができる、あるいは子どもを育てる力がよみがえってくる、ということも起こり得るのです。

昨今のマインドフルネス批判の中には、「仏教がもっている宗教性を捨象している」という人がいます。でも、その人は、ちゃんとカバット・ジンの著作を読んでないと思うのですね。カバット・ジンは、先ほど紹介した本の後半に癒しに関する章があるのですが、そこでこういう言い方をしています。

「思い込みの枠が外れて、命の全体性に触れることによって自然治癒が高まる」

思い込みの枠は「私」という思いを作っているから、なかなか外れないですね。でも、思い込みの枠が外れて命の全体性に触れることができると、今でいうレジリエンスが生まれ、自然治癒力が高まるのです。彼はこういう言い方でスピリチュアリティーとか宗教性を取り入れているのです。科学者とか医療関係者に「宗教」とか「スピリチャル」という言葉を使うとアウトになることが多いですので、こういう言い回しを工夫したのですよね。だから、「スピリチャル」とか「仏教」という言葉はほとんど出てきませんけど、ちゃんと含まれているのです。

思い込みの枠が外れるのはどれだけ大変な作業でしょう。修行をやった人じゃないと分からない。心理療法であれば、ちゃんと教育分析が終わって初めてわかることだと思います。思い込みの枠が外れて命の全体性に触れる体験というのは、本当の自分に触れる体験でもあり、それは言葉では表現できないけれど、なんともいえないあたたかいものが胸から湧き上がってくるような体験であり、その体験をすると生きる力が湧いてくる、そんな体験です。これは、マインドフルネスが宗教性あるいはスピリチュアリティーを巧みに包み込んでしまっている秘法です。

マインドフルネス認知療法は、オックスフォードの人たちがMBSRを基に作ったものですけれど、うつ病の再発予防のために投薬と同じかそれ以上の効果があるというエビデンスがとれたというのでブームになりました。それから第三世代の認知行動療法の中核的技法としてマインドフルネスが取り入れられるようになりました。それまでの認知療法、行動療法では「認知のゆがみを治す」ということがテーマでした。ところが「ゆがんでいるものごとの見方を直そう」ということ自体が非常にストレスになるので、ゆがみを修正する代わりに、「ものごとをそのままに受け入れよう」という見方にしてみると、変わるべきものは自然に変わってゆくものだということに気づいていったのです。これがマインドフルネスの果たしている役割ですね。

「ありのまま」というのは、仏教では如実、如実知見、如実知自心と言いますけれども、そこがポイントになるのですね。メタ認知という心理学の言葉もあります。少し離れたところから状況を見守る全体的な視点です。町づくりにも当てはまるものだろうと思います。全体的な視点から、生まれることから死ぬことまで、何が起こっても大丈夫な空間をどのようにつくるかということかもしれません。

カバット・ジンは当初からリーダーシップ研修を含めて考えていたようです。これは社会変革を意識していたのでしょうね。それから、刑務所の矯正教育の中でも応用されるようになっています。僕も相談を受けたりすることもあります。最先端では軍隊のストレスマネジメントでも使われています。ビンラディンを捕まえたりする、あのような精鋭部隊を含めてトレーニングしているようです。トラウマを予防して、与えられた任務以外の殺傷をしないで済むようにという含みがあるのでしょう。そしてレジリエンス、生きる力のもとにもなっている。

なぜ、こんなに一見すると万能薬に見えるくらいの多くの領域で効果があるかというと、マインドフルネスは人間を育てるために必要な心の向け方そのものなのです。赤ちゃんを育てる時に、お母さんが無意識的にしているような心の向け方、世話の仕方がありますす。専門的には、情動調律といいます。赤ちゃんにチューニングして、この泣きはおっぱいなのかな、おむつなのかな、遊んでほしいのかな、なんだろう、というように心を向けることです。

赤ちゃんに泣かれると、お母さんは自分が責められたと思ってしまいがちなものです。でも、そう思い込んでしまうと、赤ちゃんのニーズが読み取りにくくなってしまいます。そこでまずは、自分が責められたように感じてしまっていることに気づくことが大切になります。すると、赤ちゃんをありのままに見つめるスペースが開けます。こんな仕方で赤ちゃんを育てる時の心の向け方に通じるものがある、人間の基盤を作るために必要な心の向け方がマインドフルネスだということですね。

あとは、善いも悪いも、好きも嫌いも、アンビバレンスと言いますけれども、両極端があってもいいんだよと、仏教では中道とか不二と言われますが、相反する感情を統合するという働きもあります。こうした見方も、仏教の考え方に基づいたマインドフルネスのトレーニングになっています。こうした統合の要素によって、智慧が思いやりになって、思いやりが方便としての具体的なケアにつながってゆきます。こうして命を見守る智慧が、命を育む思いやりを生むという流れを作りだします。これが全体を見渡す力ということなのですね。

私の一番の専門は初期仏教の研究で、パーリ語で伝えられているマインドフルネスの基本聖典である「サティパッターナ・スッタ」です。サティが「マインドフルネス」、パッターナが「確立」で、スッタは「お経」です。この経が、一九一〇年ぐらいに Foundation of Mindfulness と訳されたのがマインドフルネスという言葉の原点です。思い出すという言葉 sarati の名詞形が sati で、その英訳がマインドフルネスなのですね。だから、念、サティ、マインドフルネスというのは記憶に関連します。

私たちが「これは赤い花だ」とか、「これは良い声だ」とか思うときには、過去の記憶に「これを赤という」とか「これは声だ」という記憶の情報がないと意識できませんから、全ての意識の中に記憶情報が働いているものです。今の意識の中で記憶がどういうふうに働いているかという視点です。漢訳仏教では念と訳されましたけれども、今ここで思い出し続けて忘れないように努めるというニュアンスです。

私はマインドフルネスを「気づき」と訳すことが少なくありません。なぜかということ、私たちは「思い出す」というと、五年前、一年前、あるいはしばらく前のことを思い出すことをイメージするものですが、一秒前を思い出せと言われたらどうなるでしょうか。一秒前はなかなか思い出せませんよ。思い出そうとしている間に時間が流れてしまいますから。一秒前を思い出そうとすると、ただ見えていているだけ、ただ聞こえているだけ、ただ心臓の音を感じているだけの体験になってしまいます。言語による「私」意識が成立するためには数秒くらいの時間が必要で、その数秒が与えられないと、思い出すという行為は今生きている感覚体験に触れるだけの状態になります。これを純粋体験と呼ぶこともあります。

マインドフルネスのトレーニングでは、呼吸を中心にして、今ここで起こっていることのすべてに注意を向けてゆきます。その中でいろいろなことを思い出すのですけども、遠い過去のことを思い出すこともあれば、「私」という意識が成立することができない非常に近い過去に触れることもあります。呼吸を感じながら「生かされているだけの状態」を思い出してしまうということもあって、日常的な意識とそういう体験とを意識的に往復していると、自然に「私」の思い込みの枠が外れやすくなります。純粋体験、命の流れに触れることが、思いもしない仕方で静かで持続可能な幸せにつながる、そういうことが起こってしまうような戦略なのですね。

このサティパッターナ・スッタの中では呼吸を見守ることを中心にして、色々なものが見つめられるように説かれているのですけれど、そこでは①自分を見守ること、②相手を見守ること、③相手と自分を交互に見守ることの三つの視点が説かれています。特に大切だと思うのが自分と相手を交互に見守ることです。これは最近では間主観性とか相互主観性と呼ばれることがあります。マインドフルネス瞑想は自分のことを見ることだけと思われていますが、マインドフルネスの大本であるブッダの教えに戻ってみると、主観的観察、客観的観察、間主観的観察という三つの観察視点が説かれていたわけです。

このことの大切さを思い出すべきだと思います。この数年間でやっと仏教研究者もこのことを議論するようになってきてくれました。でも科学的な研究ではあと五年から一〇年経たないと多者関係の間のシンクロ現象というのは、測定できるようにはならないと思います。ただ、流れとしてはこの間主観性を研究する方向に向かっていってくれると思われます。私たちの意識は個人の中だけでは成立しなくて、他者との複合的な関係の中でしか意識が成立しないということなのですね。だからこそ、サティパッターナには「マインドフルネスこそがケアである」という解釈が説かれているわけです。

池上先生から日本仏教、伝統的な仏教の中の禅定との比較を語ってくれと言われていますので、一言で言いますと、「無念無想を目指さない」というのがマインドフルネスの特徴だと思います。マインドフルネスは止観とも呼ばれて、集中力と洞察力の両方を意味しますので、必ずしも無念無想を理想状態にしないのですね。湧き上がってくる想い、雑念と呼ばれるものを大切に見守ること、特に雑念を見守る時に身体感覚に注意を向けることがマインドフルネスの大きな特徴ですね。

嬉しい思いが沸き上がってきている時だと、体の胸のあたりにどんな感じがするだとか、緊張すると息が詰まって肩のあたりがこうなってくるだとか、身体感覚を含めて観察してゆきます。それから、善悪を決めつけてしまう自分の癖に気が付いたら、その想いがどうやって浮かんで消えていくかを見守ります。怒りみたいな感情を押さえつけると、いったんは消えたように見えてもまた蘇ってきますよね。こうして再生する、しないということも含めてありのままにみることが大切になります。こうして死と再生の問題につながってくるのですけど、マインドフルネスでは大きな視野での個人的な死と再生を見るだけでなく、小さいミクロな視点での想念の死と再生を見守っていくのがポイントになるかと思います。

そして無念無想に関しては、日本仏教は戦前戦中を通して無念無想になるということと大義に殉ずるという言い方で戦争協力をしてしまった過去がありますので、そういう反省も含めて、無念無想という思考停止状態を推奨して大衆操作に利用されないようにするという心がけは、マインドフルネスの大きな役割になるのではないかと思います。

サティパッターナ・スッタの冒頭に説かれているマインドフルネスの目的をまとめると、①心を浄化すること、②悲しみをケアすること、③トラウマを含めた苦しみを癒すこと、④合理的な方法を身に着けること、⑤涅槃という安らかな持続型の幸せを得られることの五つにまとめられています。

私は東日本大震災の後から複雑性悲嘆やPTSD治療の専門家たちと一緒にボランティア活動をするようになり、そこで学んだことなのですが、こんがらがった悲しみというのはトラウマとうつ病と三つ巴になっているようです。お釈迦様の教えというのは、悲しみがこんがらがった場合でも、トラウマがある場合でも、うつ病の場合でも、その時の状況に合わせて、その人に必要なプロセスを経て最終的な幸せにだどりつけるように、シームレスなケアができることを目的として説かれています。だからマインドフルネスが一見するとなんにでも効くようにみえるけれど、なんにでも効くように見えるのは、その場で何が必要かを見分けて必要なものを提供する、善い悪いを超えた心の向け方なのかなと思います。

そうすると、子育て（チャイルド・ケア）と、看取り（ターミナル・ケア）と、誰か大切な人を亡くした後で失ったものは自分にとってどんな意味を持っていたのかを思い出すことでその人からしていただいたことを今度は自分が他の人に返してあげたくなる、それがグリーフ・ケアの本質だと思います。そうすると、悲しみを通過することが新しい命を育むことにつながっていくのですね。こうしたケアの循環を作り出すためにマインドフルネスはとても役に立つということですね。それが今日いちばん言いたいことです。

具体的に、二年前に父の最期を看取る機会がありました。ホスピスとかデイケアとか、いろいろな設備が整ってきた社会の流れがあったので、「いざという時にはいつ来てもいいよ」と言ってくれる病院の先生もいたし、色んな方の力に支えられて家で看取ることが出来ました。そういうつながりがとても大切だと思いました。

私のパートとしては、「おやじ、どういうふうに死んでいきたい？」と聞いてみて、「できるだけ管とかつけないで自然に逝きたい」という気持ちがあることが分かった。親族には、けっこう長生きして一〇四歳で亡くなったお婆ちゃんとかがいて、最後まで自宅で、食べられなくなってから二～三週間何もせずにそのまま生きていた、みたいな。そこにお見舞いに行って手足をさすらせてもらったようなことが身近にありました。父が亡くなったときにも、通夜で最初に花を送ってくれたのも一〇〇歳になる父の叔母ちゃんでした。そういう環境にあったのもひとつでしたね。

私の仕事は、主たる介護者である母を助けるチームを構成することでした。自分自身の修行の中で断食をしたことがあり、極限状態で光が見えるというような状態を体験したことがありました。それが父の死を看取る時になって、食べられなくなった父が何を体験しているのかを推測するために役立ちました。たぶん脳内モルヒネが出て、痛みや苦しみを感じることはなく、光の中を飛んでいるじゃないだろうかと。そこで輸液を入れたり、なんかしたりしちゃうと自然な脳内モルヒネが出なくなっちゃうのですね。食べなくなるのは、まわりから見ると「かわいそう」、「見ているのが辛い」と思えて来て、何かしてあげたくなるかもしれないけど、そうして自然に枯れてゆく中で身体の掃除が進んで最期を迎えてゆくようにできているのです。それが起こっているのを見守ることができたのは、父の希望を聞いておいたことに加えて、自分自身が数日の断食体験をして神秘体験を含めて色々なことが起こるのを知っていたからだと思います。「おやじは今光の世界を飛んでいるから大丈夫だよ」と、お母さんとお話することができたのは役に立ったと思います。

最初は、やはり排便コントロールの問題があり、摘便、大変ですね。僕もやりました。おやじの摘便、自分もやってみました。なかなか大変で、難しい。だから、訪問看護が来てくれるのはありがたいと思いました。

父は高血圧の人だったので脳梗塞を起こして、その時に救急車で連れていかれた病院の院長は母に「胃ろうつけますか？　胃ろうしないとあと三か月くらいですよ…」みたいなことを言ったみたいでした。僕の方は、おやじから希望を聞いていて「できるだけ自然に行けるように手伝う」と約束がしてあったので、「胃ろうはしないでください。でも少しでも元の状態にもどれる可能性があるのであれば、麻痺のケアをしてください」とお願いしました。「胃ろうをしないのなら…」ということで、すぐに退院させられました。退院指導もありませんでした。「これが今の地域包括支援か…」と思えてきて、色々と試されました。

それから認知症が少し出た時に、介護虐待が起こるのではないかというくらい母が困ってしまいました。僕も一言言おうと思ったら、「夫婦のことに口出すな」って、一回だけ母から怒られました。近いとダメなのですね。別な先生に来てもらったり、この時に訪問看護のチームの人たちが、方言を使っておふくろに話しかけてくれたりして、ありがたかったですね。結局、母は近所で介護の苦しみを味わっている同年代の人たちとお茶飲み話をして、それで元気になっていきました。

いよいよ食べられなくなってから、おやじの場合十日くらいでしたけど、その間に近所の人や親せきの人たちが挨拶に来てくれたりして、最後に色々なやり取りができるのですね。それはとてもいい時間でした。食べられなくなったのが分かったのは、高野山に行っている時に嫁さんからメールが来て知りました。父は高血圧の薬飲んでいたから、食べられなくなるっていうのは、血圧の薬が飲めなくなりますから、血圧が二〇〇は超えるわ、一〇〇は切るわの乱高下で、もうすぐにでも逝くかなと思いました。でも、三日くらいすると落ち着いてきたのですね。一三〇くらいに。死ぬまで一三〇を保ちました。一時は落ちたサチュレーションも九〇以上に回復してきました。チアノーゼも全然起こらないのです。顔色もつやつやしていて、「血圧の薬、抜けたな」と感じました。僕も断食で苦しかったのは最初の三日だけで、三日を過ぎると落ち着いてきて世界が光って見えるような神秘体験をしました。だから、「おやじも光の世界を飛んでいるのかな…」と思えたのです。

弟がバンクーバーにいて、父が体調を崩してからは二回ほど会いに来てくれました。その弟と「死に目には会えないだろうから、お前が帰ってくるまで、（小谷先生がお話してくださったように）、おやじには遺体のホテルに入っていてもらって、最後は一緒に火葬のボタンを押して泣こう」って約束していたのですけど、父の様子を見て「もしかしたら間にあうかもしれない」と思って、弟にメールしました。弟はすぐにチケットが取れて、間に合いました。最後四日間、親子四人水入らずで過ごせました。

父は何にもしゃべらないのですけれど、僕らの話が聞こえているのは分かりましたね。来られない叔父ちゃんもいましたけれど、電話越しに「兄貴〜」と呼んでくれて、それを聞いてみんなで泣いたりして。これは、口腔ケアの写真ですね。光の中を飛んでいるおやじに空中給油しているみたいな感じがしました。看護師さんは「噛まれますから、先にスポンジのついた棒でやってください」と言ってくれましたが。私は「だいぶ親の脛をかじってきたんだから、最期ぐらい親から噛まれても…」と思って、指にガーゼを巻いて、蜂蜜を薄めた水をしませて口腔ケアをしました。おやじは、噛みませんでした。わかっていたのですね。こちらに合わせてちゃんと口を開けてくれるような気がしました。

お経を歌にしたのをおやじに聞いてもらっている写真です。子どもたちが、やはり兄弟だから雰囲気似ているのでしょう、すごく弟に慣れてくれて、それはありがたかったですね。僕はおやじとのことに集中できて、弟がこうやって子どもたちをみてくれて。おやじはパーリ語のお経を私が訳したものを読経してくれていました。でも南無妙法蓮華経の人なのですよ。だから、お経の歌とか、「生んでくれてありがとう」という歌とか、歌って聞いてもらいました。

父は、ちょうど誕生日の晩に死んだのですね。八六歳の誕生日に。弟はシェフなので、嫁さんがケーキの材料買ってきて、弟がチャカチャカっと作って、これが誕生日ケーキです。八六歳の誕生日の午前中に、ハッピーバースデー歌いましたよ。そして、「お父さん、みんなで食べるよ」と、おいしく頂きました。そして父はその晩亡くなって逝きましたね。「最後は、こうなるから手をにぎってあげて、お腹に手を当ててあげて、こういうふうにしてあげて」とお願いしたとおりに、おふくろと弟がしてくれて、ありがたかったですね。

亡くなった後は、訪問看護がきてくれて、担当の医師が来てくれました。こういうサービスがあるから、家で看取れたのだと感謝しています。

これはエンゼルメイクが終わった後です。最後に僕らが飲んでいた酒が天寿という酒でした。「手を合わせろ」って言ったわけじゃないけど、子どもたちは自然にやるのですよね。

ここで、葬式どうするとか、初七日の料理どうするみたいな話をしています。お仕着せのメニュー通りじゃいやだから、ほうとうとか馬刺しとか、父が好きだった郷土料理にしてもらおうと話し合いました。

小さい頃は遊ぶ玩具もあまりなかったから、氷と霜柱とか自然の中で遊んでいました。ちょうど十二月だったから、外に出した洗面器の水が凍っていて、その氷を出して置いておいたら、弟も思い出したのですよね。小さいころを。自分たちが遊んだ氷で、子どもたちと遊んでくれました。

出棺が終わった後の、青空の写真です。こんなふうに最期を迎えることができたのですが、ほんとに僕だけじゃできなかった。うちだけじゃできなかった。ほんとに色んな人たちが設備やシステムを作り上げてきてくれたので、できたことかなというふうに思っています。

人生の最期に魂が取り組もうとするテーマがあります。①なんで生まれてきたのかという人生の意味を見出すこと。②許し、許されること。自分を許すということが根本になります。③「ありがとう」を伝えること。「生んでくれてありがとう」もその一つです。④「大好きだよ」を伝えること。⑤「さようなら」と別れを告げること。

父は死んでいなくなったのですけど、そんなふうに感じない時があります。なんとなく近くいてくれるような感じがしています。こういう体験を通して、食べられなくなったのを一つの区切りとして、変に延命治療にすがることなく、医療経済だけが走るような延命治療はやめて、自然なプロセスに任せて最期の一～二週間を大切にみんなですごせるような看取り方は可能だということを感じています。こうした延命治療の背景にあるのは、医療従事者の無力感や、家族の罪悪感だということが最近のエビデンス研究でも説かれています。そういうことを自覚して最期の時間の過ごし方を考えることが大切です。

こういうことを団塊の世代、団塊ジュニアの方たちを中心として、私達の社会的テーマとして考え直すことです。こうした作業を通して、赤ちゃんとお母さん、子育ての難しさ、看取る人と看取られる人の関係、看取りの難しさ、クライアントとセラピスト、悲しむ人とケアする人、色んな人間関係にマインドフルネスを応用する可能性が見えてくると思います。別な見方をすると、ちょっと離れて全体を見守る人や働きの大切さですね。

世阿弥は『花鏡』という能の書の中で「離見の見」ということを説いています。シテは、観客や自分の身体の前と横は見えますが、背中は見えません。ちょっと離れたところから、演じる自分の背中を見ることができるような目が開けることが「離見の見」です。そうした俯瞰的視点を与えてくれるものとしてマインドフルネスがあります。芸道を極める中で得られたこうした視点は、「もったいない」とか、「ありがたい」とか、「おかげさま」という感じ方の中に受け継がれています。能を通して、武道を通して、色んな道を通して日本文化の中に埋め込まれた仏教の実践智があります。マインドフルネスとして入ってくるものを利用して、そうした日本文化を掘り起こしながら、今後の在り方を考えることです。こうした形でマインドフルネスが果たせる役割は、たくさんあるのではないかと思います。今日はこれくらいにします。ありがとうございました。

◆司会（楢木博之）

はい、井上先生、ありがとうございました。三人の先生方、ありがとうございました。ここからは一度休憩をはさんで、皆さん方と議論を重ねられればと思っています。ではここで一回休憩にします。休憩に入る前に、今、白紙の紙、小さい紙を配っていますので、それにご質問を書いていただいて、私か学生が回りますので渡していただければと思います。誰への質問かというのを明確にしていただけると助かります。お願いします。では今から、休憩にしますので、四〇分から開始というかたちでよろしいでしょうか。四〇分まで休憩にしてください。お願いします。

（休憩）

シンポジウム後半

◆司会（楢木）

言い足りなかったことがまだ三人にはあるかもしれませんので補足で一言ずついただきながら、そのあと皆さん方のご意見を含めて意見交換ができればと思っています。では感じたことを補足でいただければと思います。では先生方よろしくお願いします。

◆小谷先生

私も井上先生のお話を聞いていて思ったのですが、これからは個の、一人一人の色々なつながりが無くなって一人一人の時代になったときに、今後どのようにその一人一人をつなげられるかということが、今からの社会に試されているのだということを気付きました。それはコミュニティであったり、マインドフルネスであったり、他者とのつながりの重要性というものを改めて気づかせていただいたということを感じました。

◆近山先生

高齢者を特殊に扱ってはいけないですよね。つまり生まれてから死ぬまで一人の人間としてその人の人生ですので、ですけれども私たちが高齢者に注目して、こういうことを切り口として、地域の人間作りをして、ビジネスとして始めたのですね。それはとても重要なことで、国は政策を変えますので、その政策に沿ってやると大変な目に合うのです。それで、基本は私たちがやっていることは補助金なしでやっています。補助金を当てにしない。でも、「もらわない」という意味ではなく、ラッキーという感じで、補助金があるともっと余計なことができる、という感じでやらないと、継続的な事業、並びに街づくりは出来ないというように思っています。そして、問題解決のために集中するということは、特に大人になってから集中するということは、そんなことに集中したことがない人が集中すると、悩みなんかを九割がた抱えちゃうので、そこのなぜ集中しなければいけないのか、というところをかなり深く切り込んで何度も何度も話し合い、説得するのではなくて、ご自身が多分、先生の話の方についていくのですけども、自分が納得していく過程、人生の納得を得るということ。だからどこで折り合うのかというようなところをかなり客観的に、個人ではなかなかできにくいので、客観的にやるということはとても大切なことで、多分そこに皆様の力を大きくいただいていくことが必要なんですね。実際にやっている人達は必死ですので、そこを見落としがちですね。内側の人がやると、その人たちがやることが問題になる事もあるので、距離を置くなり、違う役割の方がそのコミュニティを大きく育てるということは、とても重要なことだろうと思われます。

◆井上先生

お話を伺っていて、この人とこの人をつなぎたいと思うことがたくさんありました。例えば、住んでいる地域の近くに緩和ケア病棟というのがあって、その先生が結構熱心にそこで働いている心理士さんと協力してがん患者さんの心のケアをたちあげてやっている。そういう人たちと繋げてコミュニティづくりをやると、彼らも楽になるだろうと思います。横浜の病棟なのですが、近くに公園があって、その公園に行ってみるといろんな活動をしている高齢者の方たちがいました。その緩和ケア病棟の人と近くの公園で自然体験活動をやっている高齢者の方は繋がりがありません。自然体験活動や環境教育などをやっている人たちに話を聴くと、「俺はここで死んでいきたい」というように自分の死に方を考えている人が多いのに驚いたことがありました。しかし、医療機関とうまくタイアップしていかなければ、思うように一人で死んでゆくということを具体的に進められないことが多いのです。

緩和ケア病棟で働いていている人たちも、そういう人たちとつながれば楽になるところがあるだろうし、地域の人たちも実際に病院の人たちと関われば自分の希望する死に方を上手く実現できる可能性が高まります。そのつながりづくりをすることが大切だなあ、と病院からの帰り道、公園を散歩しながら高齢者の活動を見ながら思ったのを思い出しました。ますますお二人の活動をいろんな人とつなげてみたい、それは調査になる場合と地域づくりという形になる場合もあるでしょうけれども、そういうつながりづくりの大切さを強く感じました。

それから、政府の方針に従っていかなければならないところがありますので、例えば東日本大震災の復興基金として集められたそのお金が中東に原発を売るための宣伝に横流しされたり、地元が希望しない堤防や防波堤を作ったり、いわゆるショックドクトリンと呼ばれるような政治過程の中で行なわれてしまっていることに対して私たちはどう思うのかということを発言して、行動していくとも大切だと思います。

以前サンフランシスコにホスピスの調査に行ったときに学んだのですが、ファンドレイジング（基金集め）とプログラム作りを一人の人が背負ってしまうとバーンアウトしてしまうので、できたら分担するほうがいい。いまではクラウドファウンティングという手法もあるので、企画を立てる人とお金を集める人がタイアップして、いろいろな専門分野の人と人がつながって、そのテーマに向かい合っていくことが大切だなとしみじみ思いました。そして、このようなテーマで頑張ってくださる先生方のような人がいてくださるというのは頼もしく思いました。

◆司会（楢木）

はい、ありがとうございました。三先生から補足を頂いて私自身も福祉現場で実際に支援していた時のことを多い出しながら、ほんとにその時って死というものを踏まえて支援していたのか、ということを自戒を込めて考えさせていただけたかなと思います。今、現在でも実際に福祉で支援している人たちは、死というものをどうしても医療中心で議論しているところはあるかなと思います。もちろん、それはそれで大事なのですが、他に何かないかなということを、今日議論できればなというふうに思います。ありがとうございました。皆さん方のご質問の中で井上先生の補足説明をもう少しいただきたいというのが二件あって、三頁の図のところをもう少し説明していただきたいというのと、こちらに宗教色を感じないカジュアルさが現代受けしているところがあるのですけれども、本来の仏教的意義を伝えるにはどうしたらよいかという補足のご質問をいただいています。

◆井上先生

最初のご質問は専門用語に関するもので、正念（サンマー・サティ）についてでしょうか。サティがマインドフルネスで、サンマーが「正しい」という意味になります。このサンマー（正しい）ということを悟りの視点からどう感じるかという質問だと思いますが、このサンマーには正しいという意味に加えて「バランスが取れた」というニュアンスがあります。

善悪とか正邪などの二分法を離れて、いろんな感情的な両極端があるのが普通の人間なのだととらえる視点が、仏教でいう中道であり、不二であり、バランス感覚なのだと思います。心理学的には、アンビバレンスの統合に当たります。例えばケアギバーたちには、「患者さんのためには命を懸けても…」という気持ちがある一方で、思うようにならない時には「この患者さん…」と思ってしまうこともあるでしょう。人間としてその両極端で心が揺れることは当たり前のことなのですが、専門家としては生の感情をぶつけてしまうことはNGです。専門家になるためには、その両極端で揺れ動く気持ちをしっかりと見守って、揺れが収まった瞬間に生まれるちょうどよい距離感や立ち位置から関われるように、人間としての器を育んでゆく必要があります。そういう感覚が、マインドフルネスの学びで使われるときの「サンマー（正しい）」という言葉の持つニュアンスです。

例えばマクロビオティクスという玄米療法で、正食と邪食という概念があります。マクロビをやっていたご夫婦で、不妊のことで相談に来た人がいました。いろいろと話をしてみて、正食とか邪食というこだわりを一旦脇に置いておいて、「自分が食べたいもの、体に良いと感じるものを食べたらどうでしょう」ということで落ち着きました。しばらくしたら「子供が授かりました」というご報告がありました。そんなこともあるのです。

三頁の図ですが、人生における見守りの諸相ですね。人生の最初期には母親の見守りと世話が不可欠です。最近では、母親の代わりに養育者という言葉が使われるようです。その関係の中で人生の基盤が培われます。心理学でいうところの基本的信頼と呼ばれる安心感です。ただ、完璧な安心感や信頼感というのはあり得ないもので、どこかに多少のひび割れのようなものが紛れ込んでくるものです。成長した時の生きにくさとなって現れてくるそうしたひび割れを修復するための作業が心理療法に当たります。そうした生きにくさを乗り越えてゆくために、新しい人生の物語の紡ぎ方を学ぶわけです。

病気（dis-ease）になったときには、元気だった時には当たり前だったその「安心」や「信頼」の部分（easeに相当する）を失いますので、患者は医者や看護師にすがりたい気持ち、甘えたい気持ちになります。すがりたい気持ちに応えるのが男性性の部分、甘えたい気持ちに応えるのが女性性の部分です。全人的医療という取り組みがあって、医者や看護師自身が薬になるためには全身全霊で患者の話を傾聴する必要があるというアプローチです。単なる病歴聴取ではなく、地域社会に編み込まれた家族の中で生きる個人の話として、患者の話を傾聴するということです。そうすれば、ぐらついていた安心や信頼の部分が回復して、自然治癒力が高まり、その病を抱えて最期までどのように生き抜いてゆきたいかを考える力が湧いてくるのです。

それはちょっと離れたところの視点があって初めてできることじゃないかなと思いますね。だからこの大きなハートのあるお母さんと小さなハートの赤ちゃんは母子関係でもあるし、セラピスト・クライアント関係でもあるし、医療者と患者さん、看護師と患者さんとの関係でもある。そして、そこには行き詰まることもあるから、行き詰った時に見守ってくれる大きな視点、離れたところから全体を見守る視点として、スピリチュアリティーがあります。そのスピリチャリティーの働きを支えてくれているのがマインドフルネスではないのかなと思います。それらを表そうとして作った図です。

一つ一つの瞬間に純粋な注意を向けるというのは、もうお話ししましたが、「ああしなきゃいけない、こうしちゃいけない」という想いが必ずあって、それはほぼ八割以上が自分の生まれ育った両親から無意識的に植え付けられているものです。それを自覚してそこから自由になった時に生き方がだいぶ変わります。精神分析では超自我と呼ばれるものですが、それを乗り越えるという作業です。簡単に言うと、色んな想いが湧くたびに必ず善い悪いを決めつけている自分がいますから、「あぁ、こんな風に善悪を判断して頑張ってきたんだなぁ。でも今は、ちょっとこの善い悪いを緩めてみようか」といった想いを持てるようになることなのではないでしょうか。

質問してくれた人に女川町から来た社協の方がいらっしゃると思うのですが、私は毎年女川町に行っています。女川病院（現、女川町地域医療センター）の駐車場にあるカフェでいつもお茶を飲んで、そこのご夫婦からお話を伺います。今年の三月には、私の活動を家族に知ってもらいたくて子どもたちを連れて行きました。そこの娘さんと家の子どもたちが同じ年くらいだったので、「津波が来たら逃げて命を大切にしよう」という記念碑の前で一緒に写真を撮って、一緒に遊びました。何をして遊んだかというと、キャンプごっこをして遊んでいました。胸がジーンとなりました。とても大変な状況の中で、みなさんが頑張ってこられて、子どもたちはキャンプ遊びの中で無意識的にそれを再現して見せてくれた。色んな想いがあると思うのですけれど、その中にある「ああしなきゃ、こうしなきゃ、善い悪い」というのをちょっと外してみるゆとりを教えてくれる。マインドフルネスが教えてくれる視点です。

こうしたカジュアルさに現代人受けするところがあると思います。現代医療における最初のホスピスを立ち上げたシシリー・ソンダースは、看護師・医療ソーシャルワーカー・医師という三つの資格を持っていました。彼女の性格として患者さんと恋に落ちるところがありました。二回目はほんとに結婚しちゃったのですけども。彼女は敬虔なカトリック信者だったのですが、最初に恋に落ちたデイビッドは無神論者だったのですね。宗教者が一番伝えられるは宗教用語が通じない状況の中で、相手の言葉で話さねばならない時に、宗教者が一番成熟できるチャンスが生まれます。デイビッドは、ソンダースが聖書を読もうとしたら、「違う、聖書の言葉じゃなくて、おれは君の心の底からの言葉が聞きたいんだ」って言ったそうです。ソンダースは聖書を手放して心の会話をすることができた。そうすると、がんの末期で彼らは二五回しか会わなかったみたいですけど、死の不安とか、色々なことをお互いの心を開いた語り合いの中で受け止めて、最期の時をよい仕方で迎えることができるということを実体験することができました。それが、彼女がホスピスを立ち上げる基盤になりました。

宗教者が一番トレーニングになるのはそこだと思います。「カジュアル」という感じがするかもしれませんが、自分の専門用語を使わずに目の前にいる人の言葉で話すということなのではないかと思います。そこには、別な意味での通訳とか翻訳が必要なのです。そのための一番のトレーニングが、言葉のしゃべれない赤ちゃんの世話をさせていただくことだと思います。マインドフルネスがカジュアルに見えるというのも、宗教者はマインドフルネスを通して、専門用語を離れて、相手の世界に合わせた言葉でどういうふうに会話ができるかというふうに工夫していただくと、カジュアルさの中に真の宗教性やスピリチュアリティーを花開かせることができるのではないでしょうか。

◆司会（楢木）

井上先生ありがとうございました。とても分かりやすいい説明でありがとうございました。今度小谷先生へのご質問です。いくつかありますので、介護保険の財政の中で前期高齢者層が一割強しか使っていないという事で、後期高齢者が多いことが記されている中での九〇歳を超える親の世話を七〇歳がすることの不可能と限界、というところにおいてご意見をいただければというご質問が一つ、ぽっくり死とじっくり死に関するデータも少しあればというところでご質問いただいています。三つ目に一人暮らし高齢者の増加というのは、家族形態の変化だけでなくて、都心への人口流入の結果、生み出されたという事で地方の構造の問題もあるのではないか、というご意見もいただいておりますので、そこに関してご意見をプラスしていただければと思います。

◆小谷先生

実際に七〇代の高齢者で介護保険を使っている方が少ないというのは認識していて、そういう意味で親の介護ができないと申しあげたかったわけではなくて、肉体的な問題ではなくて、肉体的、時間的に介護ができるかできないかという問題ではなくて、非常に、老々介護・認々介護が当たり前の社会が、家族に介護させて当たり前だという社会ではこれからなくなるのではないか、という定義でお話させていただきたかっただけです。もちろん、七〇代の息子が九〇代のお母さんの介護をしているという現実がたくさんあることは私も承知していまして、それを容認していく社会がいいのかということを申しあげたくて、老いては子に従えという時代ではない、という表現を使わせていただきました。ありがとうございました。

二つ目ですけれど、ぽっくり死・じっくり死の研究が浅いということを指摘いただきましたけど、私がお持ちしたのは、ぽっくり死にたいか・死にたくないかというデータだけをお持ちしただけで、もしご興味があればホスピス財団のホームページに詳しい研究が書かれていますのでご覧いただけたらと思います。三番目のご指摘もそうだと思いますけれども、一人暮らし高齢者が増加していることもお示ししたというだけで、なぜ一人暮らし高齢者が増加しているのかということまで言及できなかったので、言葉足らずだったことをお詫び申し上げたいと思いますけれど、例えば最後に写真を見ていただきましたけれども、無縁墓がなぜ増えてしまっているのかということが、子どもがいないとかではなくて、生まれ育った場所で死んでいくという人が少なくなった、そして、核家族化が増えた原因がこうなっていることをお示ししました。一人暮らし高齢者が増加というのは、家族形態が変化している、というお話をしただけであって、家族形態の変化が一人暮らしの高齢者までいっているわけではないので、もちろん一人暮らし高齢者がなぜ増加したのかっていうのは、いろんな条件があると思うのですけど、今日は分析のテーマではないので事実だけをお伝えさせていただきましたので、言葉足らずのことで申し上げたいと思います。ありがとうございました。

◆司会（榗木）

ありがとうございました。ついこの間も、事例検討した時に、自分の子どもに全てかかってしまうと、私も子どもが一人いますけど、私の兄と私の両親と妻の両親全てがその子にかかってしまうという状況になってしまうと、すごく切実な話で子どもには、そんな生き方は考えられない、というところを最近話したことがあったので、小谷先生の話は貴重で重いなと感じました。最近、先生の本を読ませていただいた中で、死ということをすごく現実的に考えなきゃいけないなということを自分自身深く反省したところで、福祉の支援をしながら死というものになかなか向き合えていないなという所がすごく課題だなということを痛感したのですけれども、ここで皆さん方にご意見を伺えたらと思うのですが…。時間があるのでご質問を頂戴しているのですが、新たなコミュニティーワークづくりのエネルギーに圧倒されましたという意見が多かったのですけれど、この様な活動の中でソーシャルワーカーとの専門職への期待というところで近山先生にご意見をいただければと思います。お願いします。

◆近山先生

大変期待しております。すごく、高齢者住宅って特に民間型のですと、投資が必要になりますよね。つまり家を買う力があり、なおかつ、家族が担う仕事を肩代わりする人を雇いそれを支払うわけですよね。今までですと、高齢者住宅でなければ血縁の家族が一緒にいる人がその肩代わりをしてきました。残念ながら日本の介護の仕組みは、私はこういう専門家ではないので、とてもびっくりして、一番びっくりしたのは家族介護という言葉が専門の本にあったということ。家族と介護がくっついていることは私にはありえません。介護は仕事です。非常に専門性の高い、命に寄り添う、その人の尊厳を最大に守るべき尊い仕事であるものを家族と引っ付けるというこの感覚が分からない。でもあるのですよ、家族介護という言葉が。つまり国は、家族にそういう専門性の高い命にかかわる・人権にかかわる問題を家族でまかなうことで、お金を出したくないという結果ですよね。こんなのありえないですよね。だったら、介護保険で専門性が高い方は、介護保険導入する時に描いたもので絶対やられる、一〇年たっても変わらない。なおかつこの見通しがつかないのが、二四時間のヘルパーの体制。これがあれば出来るのです。でもなぜそうなるかというと、看護師さんは二四時間出動することは出来ている、那須はそういう地域です。で、なんでヘルパーが二四時間対応できないというと、賃金が安いからのみです。人材がいないからではないです。看護師さんたちがヘルパーの仕事の事情に当然医療の方からいくと、ヘルパーが一緒に仕事をしてくれれば、ものすごく地域包括ケア、ならびに、自分たちの仕事が完成することがよくわかるのですよ。ですから、看護師の方たちが、介護事業をやろうとするのですよ、どこに行っても。でも、看護師でさえ安いと思っているのに、更に安いわけですよ。そんなの夜やる人いるわけがない。看護師さんがびっくりする給料がヘルパーの給料です。だから、仕組みをどんなにきれいに描いても成り立たないのです。さらに、そこを、家族介護でうめようとしているから成り立たないのです。なので、資源を集中しなければならなくなっちゃうのですね。ですので、そういうソーシャルワーカーはものすごく必要なのです。

つまり、家族で暮らし、自分が暮らし続けた住み慣れた地域から別の暮らしを選ぶわけですから、ものすごく不安なのです。その選びたくなかったかもしれない選択なのですよ。私たち「コミュニティネットワーク協会」が運営している「高齢者住宅情報センター」には一万三千人くらいが登録されていいて、そのうちの九割が高齢者住宅で暮らしたくないのです。私は暮らしたいです。なぜならば、母親から教わった最大のことは、母親の介護をけっこう在宅でやりましたけど、その時に、一番習ったことは、「自分が動かなくなった時に自分の価値観と同じ人がまわりにいてほしい」ということなのです。今日、安倍政権このやろう、と思ったときに、安倍政権万歳という人が横にいたら困るわけですよ。自分が今日ステーキ食べたいという時に、いや、玄米定食にするといわれたら困るわけですよ。自分のことで、寝たきりになっても「ちょい、ちょい、ちょい」と言ったときに、「そうだよね」「ああだよね」ということがやれる人が必要。母親がなんでそれを発見したかというと、母親は看護師でした。とても優秀でした。寝たきりになってから何をしたいのかという問いかけは、母親は嫌いでしたから、母親とあまり会話したことがないのですよ、あまり。わたしはお母さんとも呼んだことなかった人間なのです。倒れた後、私はサポートしなければいけないと分かってすぐ自覚して、コミュニケーションが取れるようになってありがたかったのですが、その時に母親がそういう寝たきり状態になってからものすごく親密に会話したのですね。その中で分かったことが、母親が何をしたいかというのは、看護師。死んでも看護師として成り立ちたいということだったのです。じゃあ、どうすんだって、寝たきりでって。「私は口がたつから後輩の指導はできる」と。「そういう環境を作れ」と言われたのですね。一人でできないだろうと言って、「誰とやりたい」っていったら、退職する前の○○看護婦とやりたいと名前が出てきちゃったのですよ。その○○さんに電話したら、彼女も寝たきりで娘さんが出てきた。それが私の最大の学びなのです。

私が寝たきりになっても、私の価値観がわかって、私の尊厳を守ってくれる人がいなければならない。それも一人ではなく複数、というふうに思ったのです。そうするとそのあたりのことをマネジメントし、心を支えてくださる方たちはソーシャルワーカーだと思うのですね。その時に、実は非常に、私は三〇年間高齢者住宅をやり続けてきて、家族のケアにどのくらい入ったか。家族を看病してから、子どもたちが来なくなって、子どもの訴えと親の訴えがものすごく違うものですから、両方を聞いてしょうがないから間に入ろうと思って、お母さんと娘を泣かせたことがありました。そして、親子喧嘩させたこともあります。でもそのことで、ようやくわかるのですよ。でも、そんなこと誰かがどうしてやらなきゃいけないということで、しょうがないのですよ。高齢者住宅をやるとはそういうことだから。何でも引き受ける、お子さんのお世話は経験でしかできませんから、先生のお話をきいて、あ、そうかその本にそう書いてあるのか、と思うわけですよ。なんだ、早く教えてくれよと思うのだけど、経験の中でしか出来ない。素人だから。そこを専門性の高い方たちが、専門家って絶対言わないのですね。素人の生活に役に立つ人は専門性の高い方なのです。だから、そういう方たちがいっぱい、たくさんいればね、ものすごく安定してくのですよ。それは、自分を認め直さなきゃいけい、自分の生活を六〇歳すぎて、七〇すぎて、八〇すぎて、もう一回シミュレーションするなんて至難の業じゃないです。そこに、寄り添い方の方がお話にまじってくれてこういう方法、ああいう方法ということをしてくださり、なおかつ外に漏れないとちゃんと訓練されている方であれば、とても安心できて話されるのですね。

だけど、残念ながら、日本はソーシャルワーカーに対して仕事として認めて、そういうシステムを事業の中に入れているかというと、とっても少ないのです。そうすると、高齢者住宅の私みたいなプロデュースする人にソーシャルワーカーの人がなったらいいと思います。そのことでちゃんと自立する、自立します、そのことで自分が学んだことが生かせます。更に、磨きがかかりますので是非そういうことを持ち込んで、必要ですけども、それ自体を単独でお願いするのはとてもできないので、その方たちがコミュニティを作る側にまわる、専門性を越えた構成するメンバーになることを望みます。

◆司会（楢木）

ありがとうございます。私もソーシャルワーカーをしていて、ご指摘に耳が痛いなというふうに、そこまで入っていけていないな、ということを痛感して、貴重な話をいただけたと感じています。三人の先生方の意見を聞いた中で皆さんの質問、ご意見の中で共通して多かったところとして、これは三人にもお答えいただくのですけれども、皆さん方にもご意見を頂きたいということもいただいていますので、これについて考えていきたいなと思います。このような現状の中で、仏教、寺院は何ができるのか、という所について質問いただいていますし、それを会場の方にもご意見いただきたいというご質問用紙をいただいていますので、まず三先生にお話を伺ってから皆さんからもご意見をいただければと思います。この現状、三人の先生方が指摘いただいたところで仏教、お寺、宗教は何ができるのかについてみなさんと一緒に考えていけたらと思います。まず井上先生からお願いします。

◆井上先生

小谷先生でしたでしょうか、一緒に住んでいても話す時間がどれくらいあるかという話をしてくださいました。実は、マインドフルネス瞑想の原点になってヴィパッサナー瞑想をミャンマーに行く前に日本でもちょっとやりましたけれども、ミャンマーに行って正式にやってみると、沈黙なのですよ。隣にたくさん修行する人がいても、一週間でも二週間でも沈黙なのですよ。話をしない。沈黙するから分かってくることもあるのです。話をしないと脅迫神経症チックな状態になることもあるのですが、そこはちゃんと先生が毎日インタビューしてくれて、どんな状態かチェクしてくださいます。自分に向かい合うって簡単な作業じゃないのですね。わざとしゃべらなくてよくわかることもあるのです。

西洋人たちが仏教瞑想を修行するときには、リトリートと呼ばれる一週間から十日ほどの沈黙を守った瞑想の修行に取り組みます。そこで学んだことを社会生活に戻って活かす。その第一段階が終わって第二、第三段階へと進んでゆくと、長期リトリートと言って三ヵ月とか半年、さらには二年くらいの単位で沈黙を守って瞑想します。これはもう出家に近いですね。個室が与えられて、沈黙を守って瞑想をするので、一人じゃ難しいところもあります。精神的に錯乱しちゃうこともあり得ますので。メンターといって指導教官が二人ついて、二年間くらいの沈黙の瞑想修行をどういうふうに進めてゆくか、建物づくりを含めてそういう計画が進んでいました。それが二〇〇〇年前後のことです。

今はそういうセンターが実現しています。なので、いま仏教寺院とか宗派として提供することができるのは、本当の出家修行ができる環境を提供することです。ひとりの個人になって自分と向き合う修行をするためのサポートシステムをつくって、そこできちんと戒律を守って自分と向かい合おうとする若者たちをサポートする仕事が一方にあります。

その一方で、大学で教えていると、寺院の子弟さんの場合はお寺をどういうふうに使って社会貢献していけるかについて考えている学生さんがいます。一つは子育て支援の形でお寺を活用していきたいと思っている学生が結構いました。その時に、僕がいつも例として出すのはブッタの事例です。お釈迦さま時代には出家者同士、家族を離れて出家する人同士が集団生活をしていますから、そこで病気になって死んでいくのですよ。看病の仕方から看取りの仕方まで経典にちゃんと出ています。良き看護者になるための五条件とか具体的に述べられています。

一番笑えたのは、どんなに誠心誠意尽くして看病しても手が焼ける困った患者さんの五条件というのが出てきました。薬を飲まないとか、これがいいと説明してもやってくれない人とか、良いと聞くとやりすぎてしまう人とか、正直に病状を語ってくれない人とか、痛みをこらえられない人だとか。よく考えてみると、その背景にはいろいろな生活歴があり、隠れた願望や不安があるわけです。そういうのにどう応えて、やり取りしていくか、二六〇〇年前の出家修行者たちは、托鉢をして社会に支えていただきながら、修行生活における相互的ケアの中で学んでいたのです。そうした逸話が『律蔵』という文献の中に出てくるのです。

そういうことを読み取って現代の看病でどう生かすか、お互いの成長のために使いこなしてゆくのです。家族としてできることと、家族じゃない専門性があって初めてわかること、そこの線引きをしながら相互的ケアをしっかり行う。そういうことを若い学生に教えてあげると一生懸命やりますよ。しっかりと自分の経験に基づいて、お釈迦様の時代は何をしていたのか、今の私たちは何をするのか、それぞれのメリットを考え実践してみる。

特別なセンターで長期瞑想ができるようにして、自分自身に向かい合う中で分かってきたことを、センターを出て子育てなり自分のために還元していくためには、家や大学を出て現実の社会に出てどうしたらいいか、一緒に考えてみる。寺院をどういうふうに開いていくかは、みんなで考えていかなきゃいけない問題だと思います。今日はさまざまな事例が出てきているので、一緒に考えていくこと、仲介をしていくのが大学教員の役割じゃないかなと思います。

◆司会（楢木）

ありがとうございます。近山さんお願いします。

◆近山先生

私は子どもの時、お寺によく遊びに行っていたのですね。かばんを放り投げると、大体。なぜかというと集まりやすかったのですね。理由はいらないのですね。そこのお寺に行くのに。お庭があって講堂があって、雨でもしのげたし、お寺に奥様がいらっしゃる。この方たちがお世話役になってくれて、おやつくれたりするのです。月に一回、説法の日があって、ばあさんが私を連れて説法に行くのです。そしてお話を聞いて、お金を入れるのが回ってきて、おとぎをしたい人はおとぎをしてもらう。説法が分かるのではなくて、おとぎが食べたくて子どもは行くのですけど。お寺が地域コミュニティの中心に私の時代にはありました。まだ、もし、そのお寺がエリアとしてそういう立地条件があるのであれば、それは非常にありがたいなと、集まる場としてはありがたいなと思います。今、井上先生がおっしゃられましたけれど、私の時代、そのころまだ一軒一軒こられて、お米一合なりを持ち寄って再分配する、というのがごく普通にあったのですけど、それは今おっしゃられたことから、地域の中に何かお世話をする、何かあった時にかまわず、地位とか名誉とか役割ではなく、地域を安全に守る、そういう人たちだったのだなと今ありありと分かりました。

実は、私は旅したことはないのですけど、アジアは繋がらないといけないと感じています。日本は壊れているので。難しいと思って。アジアに対して関心を持ち、アジアのメンバーを私たちが招いて、私たちがやるのではなく、キャリアを付けたアジアの人達を国に返しているのです。お金を出して教育して。その人たちが中国ですごく活きていて、中国の高齢者住宅や共同体形成のトップリーダーになっているのです。私たちの活動は住み込みが基本なので、社長を始め四・五人住み込みしているのですよ。そのころの△△さんという社長さんは、お寺に修業に行ったのですよ。そこで何が分かったかというと、中国のお寺、それがまだ生きていました。

つまり、地域の養生の場所。軽い病気の人達はそこに寝泊まりしていて、食べていて、地域の人がお世話をするというのが生きていたので、中国の首都圏じゃないところは、まだそれが今の時代だったらできるのではないのかな、と思って帰ってきたのですね。多分、今、過疎地の問題はお寺のその機能が復活することでものすごく私たちがまだお寺を分かっているから、私たち団塊の世代が活躍できる最後を迎えているから、そういうお寺の機能を再利用できるのではないでしょうか。もしかしてよく分かんないかもしれないですが。ただ、分かるのですよ、お寺がどういうものか。そういうのがまだ生きている間に、今つながることができれば、ものすごくいい地域ができるかなと。なにか事業をやるとか、何とかするとか、福祉が何とか、というのはとても大切なのだけれど、そういう詰込みの世界ではなくて、地域で暮らして呼吸のように供物所がある。私、気を付けているのは、理由がないといけない場所を作ってはいけないと思っているのですよ。誰でもがいつでも、あー、あそこ行こうと思ったときに、行きたい、お金がなくても行ける、お金ないとやれないからお金がある人はくれる、そういう仕組みがそこここに歩いていける場所にないといけないなと思って。お寺はそういう機能を持っているところだという気がします。

◆小谷先生

近山先生のお話をうかがって、子どもの時によくお寺に行かれていた、そのときにはコミュニティがあったので、お寺中心だったというお話をなさっていらっしゃいましたけれども、今、地域コミュニティがない中で、お寺が何をできるのか、これから考える必要があると思ったときに、その一人ひとりがバラバラになっている子を、お寺がいかに繋げられるかということを考えなければいけないと思うのです。その中で、地域というコミュニティがお寺によって繋げられるかというと必ずしもたやすいことではないと思っています。地域で唯一つながれるのは防災と治安だけです。私は専門が社会学なのですけど、社会学でコミュニティといったときに地縁、血縁のコミュニティにはあまり希望を見いだせない。よく繋がれないからです。私もいくつかのデータを示しましたが、もちろんそれがいいという方は言いわけで、それがある方は幸せでいいと思いますけど、必ずしもコミュニティというものが地縁、血縁のつながりがいいわけではない。では、人は何でつながれるかというと、社会学ではテーマコミュニティという言い方をします。テーマというのは関心、興味が一致した人同士で集まるということ。だから地域コミュニティが唯一繋がるのは、防災と治安だと申し上げましたけど、それはみんなに降りかかるからです。だから繋がれる。それを考えた時に、お寺はテーマコミュニティを作れる、テーマコミュニティが中心にあるのがお寺だと思えるのです。例えば、同じ信仰を持っている人の集まり、これはテーマコミュニティですし、近山先生がやっている居住福祉という観点で集まっているコミュニティも住まい方ではなく、近山先生のテーマコミュニティのモデルケースだと見ることができます。その時に、お寺が何をできるか。井上先生が子育てに関心を持っている若いお坊さんたちが多いとおっしゃっていましたけれども、私はどちらかというと人の生き死の死の方に携わっていますので、お寺の強みって何かな、というと命や死についての話題を臆せず口にできる唯一のところがお寺なのです。その辺の喫茶店で死について語りましょうとか、公民館でみんなの生き死の不安について語りましょう、来てください、というのは新興宗教に勧誘されるのではないかと思って、誰も来ないわけです。お寺だったら、信仰がある無しみんな来られる。それはすごい強みで、命とか死をキーワードにした寺友づくり。お寺の友と書きますけれども。寺友コミュニティが作れるのではないかなと私は思います。

今現在の私の関心は、地域の中の一人の高齢者をいかに繋げられるかということにすごい関心があって、私はあまり実践家ではないのですけれど、数年前から始めている取り組みに「没イチ会」というのがあるのですね。ちょっと自分の本の宣伝みたいになってしまうのですけど。来週、新潮社から『没イチ』という本を出すのですけど、「没イチ」というのは、バツイチの対義語というか。配偶者に死なれた人のことを没イチというのですけど、配偶者に死なれた人は、即一人暮らしが始まるという人がどんどん増えるわけです。例えば三世代同居だったら、没イチ＝一人暮らしではないですけれど、夫婦二人で暮らしていらっしゃる人が増えたら、一人暮らしに逆戻りする、そういう一人のたちを繋げるひとつのテーマコミュニティだと思っているのですけど、例えばお寺で、近隣の住んでいる方たちの中で没イチの人ってたくさんいらっしゃると思います。配偶者と死にわかれて一人暮らしになった方たち。そういう人たちがお寺に来て、色んなお話が出来たり、色んなテーマコミュニティを私たちは作って集まれる場を作ることが大事なんじゃないかなと思っています。

私のレジュメの六頁の最後に「死後の安心感を誰が保証するのか」と書かせていただいたのですけど、私の話しの中でも死生観を醸成することが大事だとお話を申し上げました。死後の安心、死生観の醸成をして、死後の安心を与えられるというのがお寺、宗教だと私は思っています。なぜ死後の安心を与えなければいけないのかというと、生きているときの安心感につながるからです。死んだ後に、例えば、浄土観という希望があることが生きているときの安心につながると思います。究極は、お寺や宗教者がやるべきことは、一人ひとりに生の安心を与えることではないかと思ったときに、お寺がやれることはいっぱいあるのではないかと思います。

この間、知り合いの人が脳腫瘍の手術をするから助けてくれ、と電話がかかってきたのです。そんなに親しい人ではないのですが。なぜかというと、その人は生涯独身でお兄さんがいるのですけれど、両親は死んでいる。唯一の肉親はお兄さん。お兄さんが手術の立ち合いをするのですけど、脳腫瘍ですから、自分の意識がなくなるかもしれない、あるいは植物状態で生きなきゃいけないかもしれない。その時に自分の希望は尊厳死をしたい。ですけど、唯一の肉親の兄は自分の希望を聞き入れず、廃人になっても生きていてほしいって兄は思うかもしれない。それは自分の不本意でと。唯一の肉親だから頼れない。ですから、赤の他人の私に自分の希望を伝えたいと。私はその人が生きていても死んでいてもどちらでもいいはずだから、自分の希望をぜひ兄に伝えてほしいという役割を伝わったのですけど。そういうのがソーシャルワーカーの方たちもそういう役割を担っていらっしゃると思うのですけど、宗教者も地域の中で、そういう役割を、それがいいことなのか悪いことなのかというのは離れるべきだというのは言えないですから、個人個人のどう生きたいか死にたいかの意志を誰かが受け入れるべきなのだ、ということのひとつの受け皿にお寺がなり得るのではないかなと思っています。

◆**近山先生**

はい。そういう意味では、利用したい方が入居なさるときに、何をどうしたいのかという死後始末までの全部をライフプランに書いていただきます。私は何を書いたかというと、同性介護にしてくれ、男性に介護させるなということとポリエステルが嫌だから、絹か綿にしろとか、細かいことまで。牛乳嫌いだから飲ませるなとか。そういう細かいことを書いたうえで、墓はここだよ、まで書きました。やっぱり、その機会を作るために、客観的な場所というのは、先生がおっしゃったように、お寺などでやるといいかなと思うのと、防災はやはり要だとテーマとしては要だと思います。

先ほど書いた学校の跡地、非常に防災を意識しています。一つは環境問題でもあるのですけど、屋根の屋上に太陽光をのせています。それを、普段は売電するのですが、体育館が地域の方の避難所になっているので、避難されたときは売電を止めて電気をそこに供給する。あとは井戸があればいいので、井戸はこれから井戸掘りワークショップでやります。食べ物は地域にいっぱいあるので、とりあえず急場の場合はどなたのでもいただきましょうということで、木もたくさんあるので火も燃やせるのですね。そういう意味で私も防災に強い町というのはきっと人口が増えると確信しています。

◆司会（楢木）

井上先生お願いします。

◆井上先生

仏教サイドからですけれども。今、地縁、血縁ではなくテーマコミュニティ、あるいは目的毎と色んな表現の仕方がありますけど、仏教が言う三宝がありますが、「仏・法・僧」の三宝です。僧というのはサンガという意味で、お坊さんというふうに理解しているかもしれませんが、違うのです。サンガというのはコミュニティという意味なのです。解釈によっては共和制という意味にもなります。サンガというのは、仏陀の教えに従いながら、心の修行を一緒にしていこうという修行共同体のことなのです。その中には、家を離れて独身で修行する人と、在家の人と、普通の一般人が含まれます。そういうコミュニティのことです。仏法僧の「僧」を「サンガ」というコミュニティとして現代仏教の中でどういうふうに再構築していくかという点ですね。

◆司会（楢木）

はい。ありがとうございました。とても大きなテーマで難しいところではあるのですけれども、三人の先生からご意見をいただいたところで、フロアの皆さん方からもこのテーマについてご意見をいただければと思いますし、また新たな質問等がありましたら挙手をしていただいて、質問・発言いただければと思いますが、皆さん方いかがでしょうか。はい、ではお願いします。

◆フロアからの質問

千葉県の長谷川と申します。小谷先生のお話、また先生方のお話の中でも特に命や死をめぐる問題に関連して我々は知性で物事を割り切ってしまうという、それ自体大きな問題が残されていくのではないか、少なくとも感性を豊かにしていく、そこに切り込んでいくのが宗教者の考えではないかと。私の尊敬する先生が知性と感性の話をなさるのですが、知性は学んだ知識をいかに応用なり活用できるか、それがいわば知性だ。感性の例としてよく取り上げられるのが、小学生の低学年ぐらいの子どもを対象にして、氷が解けると何になりますか？と問いかけると、僕の友達は手をあげて、水になります、と自信をもって言うわけですね。それは確かに正解でしょう。一方、雪の深い雪国で、子どもたちに同じ質問をすると、中には氷がとけると春になります、と答える子どもがいる。それに対して教師はどのような反応を示すのか。我々は氷がとけると春になる、と答えた子どもが、その雪の深い雪国の中で生活サイクルの中で氷や雪がとけると春が近づいてくるな、というそういう実感がそだっているからこそ、そうした答えが出てくると思うのですね。私がその質問と答えの応用として、人が死んだら何になりますか？どうなるのですか？と質問した時にはたしてどのように答えられるのだろうか。小谷先生の終活のお話でありますとか、死んだら終わり、という考え方に対して、知性でそれは割り切れるだろうと思いますが、それはその人の感情としてあるいは心の底から本当にそれで良いのだろうかという想いがあるわけですね。一方で、仏教者であるとか宗教者であるという自分自身の知性や経験からした時に、やはり自信をもって人が死んだらどうなるか、ということに対していかに答えられるかということが我々の課題ではないだろうかと思うのですね。そういう意味でそのスピリチャリティーの問題もさることながら、まず生活の中で我々の感性がどういうふうに育ってきて、それがどのように命や死の問題と関わることができるだろうか、そういうことをぜひ考え、かつ取り組んでいきたいと思いますので、何か関連してお考えがあればもちろんフロアの方でも良いのですけれども。と、思いまして一言申し上げました。

◆司会（楢木）

はい。長谷川先生ありがとうございました。井上先生お願いします。

◆井上先生

大学の教育の中では、スピリチュアルケアと宗教的ケアを分けて教える必要があります。例えば「死んだらどうなるのですか」、という質問を受けたらどういうふうに答えますか、というロールプレイをやるのですね。宗教者としての答えとしては、死んだらこういうところがあって、キリスト教ではこう、仏教ではこう、と説明するのはＯＫなのですけれども、スピリチュアルケアではこれではアウトになります。自分で信じる教義体系があっても、固有の世界観を答えてはいけない、その〝ため〟の様なスペースがスピリチュアルケアには求められます。語ってしまわずに待つ構えです。その人がその問題についてどう悩んでいるのか、どう感じているのか、安心して話してもらえる環境としてそこにいることができるかということです。質問に答えなければならないという思い込みの圧力に耐えて、黙って息をしていることができるか、というのがスピリチュアルケアの第一歩なのですね。

具体的には、そういう質問を受けたら、「死んだらどうなるのか不安なのですね」と、共感しながら受けとめて、その人がご自身の来世についての思いを語ることができるような舞台を提供します。どういうふうに言うかというと、一番基本的な話し方としては、「死んだらどうなるのか不安ですよね。私もどうなるかわかりませんが、もし来世があるとしたら、どこにいってどんなことをしたいですか、お会いしたい人、この人とこんな話をしたいと思うことなどがありますか」、みたいなそういう語りの舞台を提供してみます。

すると、乗って話してくれることがけっこうあるものです。そこでは、誰に会いたいとか、何をしたいとかということが語られる。それは、その人生でやり残した部分が語られることが多いものです。こうして十分に話した後で、大丈夫かなと思ったら、ちょっと勇気をもって質問をすることがあります。「そこで会いたくない人はいますか」、「います、実は…」そこでは許しのテーマが語られることが少なくありません。許せない、許してもらえそうに思えないことなどです。

こうしてみると来世というのは、その人生のやり残しについて自分なりに語るためのナラティブの舞台とみることができるようになります。そういう形で今回の人生の振り返りをするわけです。こういうエクササイズをした後で学生たちが異口同音に言う感想としては、「先生、話しているうちに過去なのか未来なのか、自分がどこに生きているのかわからないような、時制のない時間を過ごしました」ということが多いものです。

お釈迦様は、「解脱してみると、来世とこの世を共に超える」という言い方をしています。あの世があるかないかというのは、「私」が今ここにいるという思い込みの上で成り立つことですので、「私」という仮想現実への思い込みから目覚めると来世についての疑問も消えるというわけです。「私」という観念が何歳ぐらいの時にどうやってできてきたのかよく分からないと、来世についていくら語っても、砂上の楼閣で語っているにしかすぎないというのがお釈迦様のご意見だと思います。

私はマインドフルネスに基づいてスピリチュアルケアの援助法を作っていますけれど、その中でよくある質問、「来世はあるのですか」「死んだらどうなるのですか」という質問に対しては、来世について自由に語ってもらえるナラティブの舞台を設定するのが君たちの役割だと教えるようにしています。

看護系の人たちは、「先生、そんなことを話してよかったんですね。そこまで踏み込んで話すことがオッケーだと思えると、楽になりました」と言ってくれます。そうすると、お迎え現象のことも話しやすくなります。なんで在宅ではお迎えが来るのに病院では来ないのでしょうか。来たとしても、話したら病気だとして薬を出されることが分かっていれば、話してくれるはずがありません。お迎えがきたことを安心して家族と話すことができると、良い死を迎える準備になると言われます。

そういうことができるようになるためには、長谷川先生の氷の話しではないですけれども、言葉にする時には、言葉にしてすくい取られる部分があると同時に必ず隠蔽され排除される部分が出てきますので、感性を育てるためには人の話を聞きながら「語ることによって隠されてしまっている部分は何だろう」という想像力をもって人の話が聞けるようになることが必要です。

そこで「氷がとけたら…」という関連で私が使う例は、こういう話を使います。子どものころ、遊ぶ玩具があまりありませんでした。さっき写真の中で洗面器の氷をこうやって持って遊んだ写真を出しましたけれども、あんな感じです。その一つとして、霜柱を手の上で溶かすことをして遊びました。やったことありますか。霜柱を手の上で溶かすとどんなことおこりますか。最初は冷たくて痛いのですよ。でもちょっと我慢すると、霜柱の形が消えて氷がとけて水になって、泥が手の上に残って、こうすると水が垂れて流れ落ちていく。冷たくて痛いけれども、ちょっと堪えて見ていると、次の瞬間に驚くようなことが起こる。形あるものが消えてしまう。そういう小さい体験ですね。それを一緒に体験しながら語られた部分と、語られずに残された部分を味わってゆく。そして、隠された部分に対しては指摘するようなことはせずに、語られた部分をじっくりと味わいながら、ただそこで一緒に息をしていられるという在り様、それがマインドフルネスの基盤であり、スピリチュアルなスペースを開くベースだと思います。

◆近山先生

私の尊敬する方は、他人の女性同士で五〇年間暮らした方達だったのです。そこに上ると、見事に、ありがとうの連発なのですね。「買い物してきてくれて、ありがとう。」「窓を開けてくれてありがとう。」、「お茶を出してくれてありがとう。」と、全部、すべての声に対して「ありがとう」が飛び交うお家だったのです。そういうお二人が、非常に尊敬しあって暮らしているのがありありと分かる暮らしをなさっている方がいました。私は人生の師匠と呼んでいたのですが。その方が、二〇歳違う方と住んでいらしたので、亡くなられた後の喪失感はものすごいものになるだろうと思って、私はその時どうすれば良いのだろうと思って、ずっと思い悩んでいたのですが、その方法を自分が思いつかない時に、その方は亡くなってしまったのです。そして、残された方がどういうふうになったかというと、何で落ち着かれたかというと、ずっとしばらく、「あの山の向こうに行ったのよね」、とかいろいろなことを言うのですね。ある日ですね、自分が母親から生まれる前は無だった、と。死ぬってことは無に帰るのだ、とそのことを発見されたら、ものすごく落ち着いて、一緒に五〇年間尊敬し合って住んでいた人のことを言わなくなったのです。母親から、無から有にしてもらって、また無に帰るだけだったのだ、と。私も無に帰るのだね、ということで、ものすごく安定されて、「あぁ、そういう考え。そりゃそうだな」、と私もすごくそのことで安定して、助かったという経験があります。

ただ、非常に喪失感が高いので高齢者住宅でやっていますと、がんで夫を亡くしてその看取りをやればやるほど、亡くなられた時の厳しさがあって、そういうことにけっこう伴走したこともあります。そういう時は、やはりおっしゃるように語ってもらう、語りたい時に、そのタイミングで語れる場所に自分が居るとか、お聞きして、お聞きする、うなずき続けるとか、私にはそういうことしか持ち合わせていませんでしたけど、そのことを何回もやることで、自分が一人だということ、自分が生きていかなければいけない、という事を重ねて、非常にコミュニティの中核になっていらっしゃる方何人もいらっしゃいます。それは頻繁に起こる大切な問題だと思っています。人それぞれなのかもしれませんが、私がぴったりしたのは「無に帰る」、という事でした。

◆司会（楢木）

小谷先生は大丈夫ですか。はい、ありがとうございます。時間がなくなってきましたけれども、フロアの方からもう一人くらいご意見等ありますでしょうか。はい、お願いします。

◆フロアからの質問

同朋大学の大学院で勉強しています伊東と申します。今日はこのシンポジウム、大変聞きごたえがありまして、感謝しております。私は高齢者福祉を研究しておりまして、最初の小谷先生のデータがあってここのところに興味を持ちましたが、違う感動をしましたのは長谷川先生の質問にもありましたけれども、それに準じるかもしれませんが、このやはり実践力と言いますか、近山先生の実践の力、私も居住福祉から、高齢者の居住問題から二五年前にデビューいたしまして、いろいろなことをしてURの研究をしたり、言われた問題、空き家問題ですとか、それについて名古屋の社協から相談を受けたりして。色んな問題に対処していたのですけど、その間に論文をいっぱい書いたのに、力不足ですけれど、なんと言いますかね、実践力の前には脱帽しました。一言書かせていただきましたけど。今日はそういった意味ですごい大きな刺激をいただきまして。そして、最後の井上先生、先ほどお答えになったのをうかがって、キュープラー・ロスの死の五段階説の第三の取引というところを思い出して、先生の、最後のお父様の看取りが本当にもっと広まっていったら、経済的にももっと楽になる、高齢者の福祉による看取りが一番必要ですので。そういった観点からみてもすごい医療費の縮小、最後のところで終末介護で無駄なお金を使っている。そういうところが、課題になっている。まさしくマインドフルネスの方から言っていただく。大変勉強になりました。どうもありがとうございました。

◆司会（楢木）

はい。ありがとうございました。皆さん方からご意見を伺いたいところではありますけれども、あと五分という状況になっていますので最後に三人の先生方から一言いただきながら、シンポジウムを締めさせていただければと思います。今回、すごく大きなテーマで議論をして、結論的に出たわけではないと思いますけれども、最後に三人の先生方から一言ずついただきたいのですが。

◆井上先生

無縁墓の写真があったじゃないですか。あれがすごく印象に残っていて、無縁墓のご供養をしなければいけないと思いました。そして、無縁墓は、ある意味でお金が儲かる部分があったからみんな喜んでというか、それぞれの想いを込めてあれだけのお墓を作ったのですね。でもあのお墓がなくても、グリーフケアできますよね。だから思うのですけど、グリーフの中でも「あいまいな喪失」と呼ばれる、津波で行方不明になったみたいな形でいなくなっちゃう人がいます。それだけではなくて目の前にいてもいなくなる人、すなわち認知症や家庭内別居のような形で不在になる喪失もあります。さまざまなグリーフがあるわけで、悲しみがこんがらがってゆきます。そのグリーフを癒すケアの中核にマインドフルネスがあります。

お墓がグリーフケアになった時代にも、私たちは何を思ってお金を払ってあれだけのものを作るのかということをよくよく話して、考えて、そこで行われるグリーフケアの本質とは何だろうと、考えることが必要です。失ったものへの移行対象となるモノが必要ですけれど、もしかしたらそれはなくても喪の仕事ができるかもしれないし、どういう形で移行対象としてのモノを使って心を込めてお互いに悲しんだり、泣き笑いしたりしながら、いい新しい絆づくりができるのかを考えるのは、お坊さんだけではなく私たちの使命ではないかと思うのです。

あの無縁墓の供養の仕方はどうしたらよいのでしょう。あの無縁墓を弔って、私たちが戦後何を作りあげて、どんな共同幻想をもって金を回してきて、そのつけが今こういう形で来ているか。あの無縁墓をこういう風に送ってあげないといけないと考えてみたいと思います。そういうことをどうお考えでしょうか。あるいはここで作戦会議をしてみたらいかがでしょうか。

◆司会（楢木）

そこも含めて近山先生、小谷先生一言ずついただけますでしょうか。

◆近山先生

そういうお話で、私、日光の足尾銅山に二年前に行ったのかな。あそこで亡くなった方たちがそのようになっていたの。その時に、初めてそういうのを見たのですよ。無縁墓は地域でぽんぽんとあったのは見たのだけど、先生が見せてくれた、ああいう状態になったのは、足尾銅山のところで初めて見てすごくびっくりするとともに、切なかった。同じことを思いました。「どうすればいいのか」というのは分かりません。一人ひとりではないのですよね。やはり共同体で何かするというものなのなんだろうな、とお墓も含めて生き方の、生ききる形の一つの終着の現世の形ですから、それ自身は必要であれば守るシステムはどうしても必要ですよね。お一人お一人の気持ちではないかと、と思いますけど。

◆小谷先生

私は墓の研究をずっとしてきているのですけど。墓とか葬式とか。別に墓自体に興味があるわけではなく、なぜ研究してきたかというと社会のコミュニティが変化してきたことを如実に示しているのが墓だと思っていたからなのですね。無縁墓がなぜ増えているのかというのは、それ自体は別に問題ではなくて、血縁コミュニティ、地縁コミュニティが崩壊したということの現れだと思うのです。墓というのは代々子孫が守るもの、あるいは土葬の時代はコミュニティの中にお墓があったわけですから、そのコミュニティで支えきれなくなったことの証が、無縁墓が増えているということだと思うのです。ですから、血縁、地縁にかわるテーマコミュニティをいかに作ることで、私は死のコミュニティという言い方をするのですけれど、死の共同性をいかに繋げるかということだと思うのです。ですから、血縁、地縁でその死者を見守る時代ではなくなった、それに代わるコミュニティは何なのかということをこれから考えていかないといけないのではないかと思っています。

◆井上先生

今、「死の共同性」というすごくいい言葉が出てきて感動しています。さっきから思っていたのですが、リフトン（Robert Jay Lifton）という精神科医がいて、ベトナム戦争で何が起こっていたのかということをトラウマの視点から研究して、日本でも広島の被災者に聞き取り調査をして原爆のサバイバーという言葉を作ったのもリフトンでした。そのリフトンが「象徴的不死性」ということを言っているのですね。象徴的不死性というのは、先ほどの死の共同性につながるような、私たちが見つけ出していかなきゃいけない生きるための安心感のようなものです。リフトンが象徴的不死性という言葉で言おうとしていたのは、基本的信頼だと思います。ライフサイクル論でエリクソン（Erik Homburger Erikson）が基本的信頼、安心感と呼んだものです。一歳までの子どもが母からの世話を受ける中で身に着けてゆくことが望まれる「この世に生きていて大丈夫だ」と思える基本的な安心感に近いものです。それは精神分析家の土居健郎がいう「甘え」に近いともいえます。象徴的不死性は、「隣のやつが死んでも俺だけは大丈夫、死なないだろう」という想いによって、あるいは自分がやった仕事を誰かに受け継がれることによって、解脱などの宗教的境地を獲得することによって安心を得る、そういう生きるための基盤をどのように作っていくか、感じ取っていけるようにするかというテーマです。個人の安心としても、社会全体の生きのびてゆく力としても必要なものでしょう。そうしたリフトンの象徴的不死性と、小谷先生の死の共同性とは繋がって、安心の基盤としてコミュニティを再構築してゆく必要があるのではないかと思います。

◆司会（楢木）

はい。ありがとうございます。井上先生にまとめていた感じがあって申し訳ないですけれども。とても貴重なご質問をいただいたし、いろいろ考えさせてもらって、お腹いっぱいになってしまって、消化不良なっている部分については、多分みなさんもそういったことがあるのではないかと思いますので、このあとのぜひ懇親会に参加していただきながら、先生方とご意見を深めていただけたらと思います。井上先生は私用で帰られるのですけれども、近山先生と小谷先生は参加していただきますので、みなさんご意見を深められたらと思います。つたない司会で申し訳なかったです。三人の先生にもう一度拍手をお願い致します。ありがとうございました。

（了）

平成三十年度　日本仏教社会福祉学会　大会概要

【大会概要】

一．大会テーマ：「超高齢社会の今からを考える」

二．大会日時：二〇一八（平成三十）年

九月二十九日（土）～三十日（日）

三．大会会場：身延山大学

（山梨県南巨摩郡身延町身延三五六七）

【大会日程　一日目：九月二十九日（土）】

一二時三〇分　受付

一三時一〇分～一三時二五分

開会奉告法要並びに物故者報恩法要（本館五階講堂）

一三時三〇分～一七時二五分

シンポジウム（本館二一〇教室）

テ　ー　マ　「超高齢社会の今からを考える」

開催校挨拶　浜島典彦（身延山大学長）

趣 旨 説 明　池上要靖（身延山大学副学長）

シンポジスト

小谷みどり（第一生命経済研究所ライフデザイン研究部主席研究員）

近山　恵子（那須一〇〇年コミュニティー地域プロデューサー）

井上ウィマラ（高野山大学仏教学部教授）

コーディネーター

楢木　博之（身延山大学仏教学部福祉学専攻准教授）

一七時〇〇分～一七時四〇分　日本仏教社会福祉学会　総会

一八時〇〇分～　懇親会　下部ホテル

（山梨県南巨摩郡身延町上之平一九〇〇）

【大会日程　二日目：九月三十日（日）】

九時〇〇分～　研究発表　本館二一〇教室

（発表二〇分、質疑応答一〇分）

一．○楢木　博之（身延山大学）

池上　要靖（同）

「学生が認知症カフェを主体的に行う教育効果に関する研究

～学生からのインタビューで見えてきたこと～」

二．伊東　久実（身延山大学）

「学生の子育て支援活動から考察する「行学二道」の精神」

三．○金田　寿世（浅草寺社会福祉会館）

大塚　明子（同）

渡邊　智明（同）

井手　友子（同）

高橋　知恵（同）
壬生　真康（同）
平田　真紹（同）
淺沼　太郎（帝京科学大学）
石川　到覚（大正大学）

「浅草寺福祉会館における「総合相談」の可能性②
—「困りごと相談」「窓口相談」における「主訴内容」の分析から—」

〔コーヒーブレイク（一五分）〕

四．安藤　徳明（アジア国際社会福祉研究所）
「タイにおける仏教の福祉的役割
—チェンマイ県での定量調査に基づく一考察—」

五．〇郷堀ヨゼフ（淑徳大学アジア国際社会福祉研究所）
藤森　雄介（同）
秋元　樹（同）
松尾　加奈（同）
「アジアにおける仏教の役割について
—仏教ソーシャルワークの探求—」

六．〇渡邉　義昭（淑徳大学アジア国際社会福祉研究所）
藤森　雄介（同）
鷲見　宗信（大正大学）
宮坂　直樹（浄土宗綜合研究所）

須田めぐみ（宮城県女川町社会福祉協議会）
中村　悟真（全日本仏教青年会）
「社会福祉協議会と「宗教系ボランティア団体・宗教施設」との連携について　～東日本大震災を契機とした、地域社会・社会福祉協議会と宗教施設（仏教寺院・神社等）との連携に関するアンケート調査から～」

〔事務局報告〕

平成三十年度　日本仏教社会福祉学会 第一回理事・役員会報告

日時：平成三十年四月二八日（金）
一五時〇〇分～一七時三〇分
場所：立正大学　品川キャンパス

出席（敬称略）
代表理事　清水　海隆
個人理事　石川　到覚・栗田　修司・新保　佑光
長崎　陽子・長谷川匡俊・藤森　雄介
宮城洋一郎
団体理事　宮崎　牧子・小島　恵昭・池上　要靖
吉村　彰史・長上　深雪
監　事　梅原　基雄
事務局長　吉村　彰史（団体理事兼任）

欠席
個人理事　落合　崇志・田宮　仁・野田　隆生・鷲見　宗信
団体理事　渋谷　哲
監　事　山口　幸照

議事報告

事務局　事務局長より開会の宣言。定足数の確認。欠席理事の先生方からは委任状を頂いている。理事役員数の二分の一以上の出席。理事会規定第六条に基づき本理事会は成立している。規定に基づき、代表理事を議長とした。

議案

〔第一号議案〕会員の異動について

（一）入会会員の承認について

事務局より、次の個人会員六名・団体会員一団体の入会の申し出が説明され、承認された。

○個人会員（順不同）山本純之（南洋アスピレーション）・戸田教敞（日蓮宗現代宗教研究所）・伊東久実（身延山大学仏教学部教授）・井川裕覚（上智大学博士後期課程）・菊地悦子（マハヤナ学園理事長・大乗淑徳学園理事・淑徳幼稚園園長）・岩瀬真寿美（同朋大学社会福祉学部准教授）

○団体会員　社会福祉法人マハヤナ学園

（二）退会会員の承認について

事務局より、次の個人会員三名から退会の申し出が説明され、承認された。

○個人会員（順不同）田代俊孝・米山岳廣・河本秀樹

また、次の会費五年未納者について説明され、退会が承認された。

○個人会員　新矢昌昭・吉田博子・山川宏和・徳岡博巳・坂上雅翁・島崎義孝・岡林明生・大竹一史・月間秀樹

以上のことから、二〇一八年四月二十八日現在の会員数は以下の通りとなった。

個人会員　二〇六＋六－十二＝二〇〇名

団体会員　二十二＋一＝二十三団体

計　二二三会員

（三）会費未納会員について（含「退会届」書式）

事務局より、以下の通り説明された。

①「退会届」の書式を作成した。今後は、学会ＨＰにも入会申込書とともに掲載しておき、退会希望者には退会届を提出していただく。なお、平成二十九年四月・九月に退会を承認した者に対しても文書を付して退会届を送付し、複数名から返送を得ている。なお、退会期日は年度末とする。

②前年度までの会費未納者については、四年未納六名、三年未納五名、二年未納十七名・一団体、一年未納五十二名である。

③本年度からは、振り込み用紙には会費年度、会員番号を記入する欄を設ける。また未納年がある場合は、個別にその旨を記載することとする。

（四）会員の種別について

①会員種別の変更の趣旨

実践者の会員としての参加、大学院生の会員としての参加、教育機関等を定年退職した会員の継続的参加、等の促進を図るため会員種別を再検討し、会員としての参加がしやすい環境を整える。

②現状の確認（昨年度）

個人会員　二〇八名（年会費　八〇〇〇円）

団体会員　二十二団体（年会費　三〇〇〇〇円）

名誉会員　二名（年会費　なし）

③変更案

【個人会員】

一般会員（八〇〇〇円）

学生会員（五〇〇〇円）学部生・院生

※本人の申請による

賛助会員（五〇〇〇円）満六十五歳以上

※本人の申請による

実践会員（五〇〇〇円）

※仏教社会福祉実践者。本人の申請による。一般会員への変更可。

名誉会員（会費　なし）

※満七十五歳以上、代表理事経験者または個人理

事三期経験者

【団体会員】

団体会員（三〇〇〇〇円）

意見　学生会員は、学部生、修士課程、博士後期課程と会費も分けたらどうか。

意見　事務手続き上のことも踏まえて、会費の種類も三〇〇〇、五〇〇〇、八〇〇〇と三種類くらいにするべきではないか。

意見　年齢については、定年の基準がさまざまであるのではないか。

意見　正会員以外の選挙権・被選挙権はどうするか。結論としては以下の通り。（?は未定）

会員種	投稿／発表	選挙権	被選挙権
学生	〇	×	×
実践（or準）	〇	〇?	×
正会員	〇	〇	〇
賛助	〇	〇?	×
名誉	〇	〇	×

他の学術団体における動向も含めてさらに吟味し、会員種別の定義なども次回の理事・役員会でさらに議論を深め、準備が整い次第、総会に諮ることとなった。

〔第二号議案〕平成二十九年度事業報告および平成二十九年度決算（案）について

まず事業報告について、事務局より以下の通り説明された。

①総会・理事会開催

平成二十九年度総会　平成二十九年九月九日（土）

於：種智院大学

平成二十九年度理事会

第一回　平成二十九年四月二十八日（土）

於：立正大学品川キャンパス

第二回　平成二十九年九月八日（金）

於：種智院大学

②年報刊行事業

平成二十九年度　第四十八号刊行

第四十八は、諸般の事情により当初の予定より遅れたが、平成二十九年度内に刊行できた。ただ、各会員への発送は、事務局の関係で、平成三十年四月二日に発送作業を行った。

③研究助成事業

（一）『仏教社会福祉入門』を活用した勉強会

平成二十九年度は、関西地域で一回開催した。

二〇一七年八月三日（木）於：龍谷大学大宮学舎

「医療と福祉におけるエンゲージドブディズム」

講師：木下克俊（臨床宗教師）

司会：長崎陽子
コメンテーター：長上深雪
（二）学会賞（学術賞・奨励賞）授与事業
第六回学会賞（対象期間：平成二十七年一月一日～平成二十九年十二月三十一日）平成三十年度総会での授与に向けて、平成二十九年度には一件の推薦があった。
④第五十二回学術大会開催事業
平成二十九年九月九日（土）～九月十日（日）
於：種智院大学
大会校をはじめとして、関係各位の協力のもと、無事に実施することができた。また、災害対策の一環として、「大会開催時の暴風警報発令に関する事前確認について」を配布し、事前に大会開催日における警報発令に備えることができた。
⑤広報事業
（一）ニュースレターの発行（年二回）
二十七号・二十八号を発行することができた。
（二）ホームページ維持・管理：株式会社　国際文献社
事務局の都合により、年二回の更新のところ、一回しか更新することができなかった。三十年度は三回更新予定。
（三）学会メーリングリストの開設
学会事務局の新アドレスを設置し、情報配信や情報提供の呼びかけを行うことができるようにした。
アドレス　info.jabsws@gmail.com
⑥研究事業
（一）仏教ソーシャルワーク研究プロジェクト（委員長：新保祐光）
①平成二十五年度から三か年実施した科研基盤C『わが国におけるソーシャルワーク価値の研究　仏教者の実践から（研究代表者：新保祐光）』の結果はすでに報告済みであり、学会誌への投稿の準備を行った。また、この調査の反省をうけて、新たな研究デザイン・研究体制つくりを進めた。
②淑徳大学戦略的基盤研究事業「アジアのソーシャルワークにおける仏教の可能性に関する総合的研究」との研究協力を行ない、日本、およびアジア諸国にみられる仏教思想と社会福祉思想の関連の検討を深めた。
（二）仏教社会福祉学研究史（仮）プロジェクト（委員長：池上要靖）
（三）日本の地域社会におけるソーシャルワークと仏教の協働モデルの開発プロジェクト（略称：国内開発、旧：東日本震災対応プロジェクト）（委員長：藤森雄介）
①「東日本大震災を契機とした地域社会・社会福祉協議会と宗教施設（仏教寺院・神社など）との連携に関する調

査」は、アンケート・ヒアリングはほぼ完了し、中間まとめを学会にて報告した。（平成二十七年度より五カ年の文部科学省「私立大学戦略的研究基盤形成事業」の一環として、継続的に研究が進められている）

②「仏教社会支援活動プラットフォーム」について、全日仏主催のセミナーで講演するほか、関連団体に広報活動を行なった。

⑦特別事業

日本仏教社会福祉学会五〇周年記念事業委員会

（委員長：清水海隆）

『五〇周年記念誌』資料編のＤＶＤについては、継続して作業・検討を行った。

⑧学会事業担当（平成二十九年度）

（一）担当理事及び委員会

①年報編集担当理事：栗田修司

編集委員会：栗田修司（編集長兼務）・大久保秀子・清水隆則・長崎陽子・藤森雄介

査読委員：二十五名

②研究担当理事：新保祐光・藤森雄介

・仏教ソーシャルワーク研究プロジェクト：新保祐光

・国内開発プロジェクト：藤森雄介

・『仏教社会福祉入門』を活用した勉強会：長上理事（関西担当）・梅原監事（関東担当）

・『仏教社会福祉学研究史（仮）』編集刊行委員会：池上要靖

③庶務担当理事：吉村彰史（事務局長兼務）

・事務局：吉村彰史

次に、決算報告について事務局より別紙の通り説明された。

摘要について、収入の部の「個人会員費」の「二千円×二」は、一万円を納入した方が二名いたということ。「その他」の「通知票第一号・二号分」は、昨年度の事務局移転に伴い体制が整わない中で二件・一万三千円の納入があり、その二件の内容について本理事・役員会までに追跡が間に合わなかった。【その後、個人会員費納入が一件八千円、不二出版からの年報売上金五千円であることが判明した。第二回の理事・役員会にて追加報告を行う。】

支出の部、研究費について、研究会は八月に龍谷大学にて開催されたが、龍谷大学で費用を負担されたため、本学会からの資料代一万円は発生していない。学会連合分担金（旧：学術会議分担金）が二万円の予算に対して三万円の決算になっているが、これは会員数によって金額が決定されるもので、二十九年度からはこのようになった。昨年度までになかったこととしては、予備費は学会賞候補の書籍購入費として計上している。

以上、平成二十九年度決算書については、梅原監事に監査を受け、収支が適切に運営され、残高等も正確に保管されていることが報告された。

〔第三号議案〕第六回学会賞について

事務局より、奨励賞候補が推薦されており、研究担当理事の新保・藤森理事にはすでに送付されていることが報告された。その後、審査のプロセスについて議論され、上記研究担当理事に加え、代表理事による選考委員決定の手続きをとり、第二回理事・役員会にて追認、総会にて発表という流れとなることが確認された。

〔第四号議案〕第五十三回学術大会について

身延山大学の池上要靖理事より、大会企画案について説明がなされた。従来の大会と異なる点は、日程としては通例は総大会前日開催の理事・役員会を大会初日の夜に行うこと、総会を二日目の午後に開催すること。内容としては通例は基調講演のところを「開会校挨拶と趣旨説明」とし、その後のシンポジウム・自由討論へとつなげることである。

意見　理事・役員会、委員会、総会などの時間は再考できないか。

代表理事　色々な場所に会場をお願いすることになるのであれば、今回の形も一つの開催パターンとしていいのではないか。

意見　シンポの内容については非常に挑戦的だが、最終的に本学会の研究課題に引き付けて取りまとめができるようにコメンテーターを置いた方がよいのではないか。

結論として、時間については、初日は自由討論に時間をしっかり取りたいこと、また二日目の午後は身延からの帰路の電車の接続の問題もある。大会の流れについては、この案に基づいて準備を進めていくことになった。

〔第五号議案〕第五十四回学術大会について

平成三十一年度の第五十四回大会は、浅草寺福祉会館を会場として開催する件、了承を得ていることが報告された。また、石川到覚理事より、日程は九月九日～十一日（月～水）、内容はいくつかの仏教系団体や福祉系の法人と一緒にできるプログラムを想定している旨が報告された。

代表理事　大学も土日は開催が難しくなってきているので、このような平日開催も新しい一つの開催パターンとしてはよいのではないか。

この件については、身延山大会での総会時に再度、報告されることとなった。

報告事項

①各担当理事の報告

（年報編集・査読）栗田担当理事より、以下の内容について報告された。

・編集委員会を開催、年報四十八号を発行。
・年報四十九号に向けての編集作業。
・年報五〇号に向けての編集方針の立案。
・投稿から掲載までのフローチャート作成（継続）。
・論文執筆（特に事例研究）のためのサポート体制（継続）。

代表理事 編集委員、査読委員のことも含めて、しっかりシステム化して、投稿・編集・査読・掲載までのフローを明示できるようにしたい。また、年報五〇号についても、記念号とするかを含め、早めに編集方針を明らかにしたい。

（「日本と地域社会におけるソーシャルワークと仏教の協働モデルの開発」プロジェクト【略称「国内開発」】）藤森担当理事より、以下の通り報告された。具体的には二つの事業を進めている。

（一）「東日本大震災を契機とした地域社会・社会福祉協議会と宗教施設（仏教寺院、神社など）との連携に関する調査」について。平成三十年三月十日に、未返送の飯舘村社協に直接伺って調査票を回収して調査完了。岩手県十二社協、宮城県一五社協、福島県十六社協、他に参考ヒアリングとして後方支援を行った三社協（各県一ヵ所）、三県社協、及び全社協の担当部所の計五十社協の調査及びヒアリングを行うことが出来た。調査票の一次集計はほぼ完了している。また、延べ七十時間以上のヒアリングの音声データの文字起こしも完了しているので、早急に分析、研究を進め、年度内の報告書の完成を目指す。また、本調査等を通じて把握できた地域社会の中で継続的に行われている寺院、僧侶の社会的実践活動を五～十か所ほど選定し、「モデル事例」として詳細な調査を実施していく。

（二）「仏教社会支援活動プラットフォーム」について。「寺院と災害支援を考えるセミナー」（五月二十九日、全日本仏教会主催）にて、講師として本サイトの機能や役割等の説明を行ったり、公益財団法人全日本仏教会財団創立六〇周年記念式典・第四十四回全日本仏教徒会議福島大会（十月十三・十四日）の機会に、参加者に案内チラシを配布等と、複数の機会の中で広報活動を行い、それぞれ好意的な反応は得られるものの登録の実績には至らないまま、年度末を迎えてしまった。

平成三十年二月二十三日、全日本仏教会とプラットフォームの現状と今後の展開について協議を行った。今後、全日仏加盟の主要宗派に個別に訪問してプラットフォームの主旨を再度説明し、関係団体や寺院等へ参加を促してもらう等、全日仏にも積極的にご協力頂きながら、今後二年間で五十団体（寺院）以上の登録を目指していく事を確認した。なお五月以降、上記の方針に沿って、広報活動を展開していく予定である。

さらに、淑徳大学アジア国際社会福祉研究所の研究シリーズNo.0『西洋生まれ専門職ソーシャルワークから仏教ソーシャルワークへ』（郷堀ヨゼフ編、学文社、二〇一八）およびその研究シリーズの英語版をはじめとする各国語版の出版について、報告があった。

（仏教ソーシャルワーク研究プロジェクト）新保担当理事より、文書によって以下の通り報告された。

昨年度は、すでにおこなった郵送調査について、二回の学会発表を踏まえてまとめを試みている。また、淑徳大学の「アジアのソーシャルワークにおける仏教の可能性に関する総合的研究」に協力をしている。特に本委員会としては、昨年度も香港、台湾の研究者との相互交流、実践現場訪問等をおこなった。課題としては、昨年度理事会で計画としてあげた、委員会の再編成ができなかったことである。そのため、組織としての機能が十分に果たせず、成果としてうまく形に出来ていない。

本年度の事業・活動予定としては、まず大前提として、委員会組織を再編成したい。そのために委員会も方向性を文章化し、共有いただける会員に参加を呼びかけたい。次に、すでにおこなった調査を活かすためにも、追加の調査を考えている。前回の調査をまとめる過程で出てきた課題は、研究の目的、意義の問題で、それが十分に示せなかった。それを補強する調査、具体的には仏教系福祉施設の実践者に対する調査をおこなう予定である。くわえて淑徳大学の「アジアのソーシャルワークにおける仏教の可能性に関する総合的研究」への協力を継続する。なるべく時間をとり参加することで、多様な国々との比較、相対化の作業をおこない、日本におけるソーシャルワークと仏教との関連の検討を深めていきたい。

なお、石川理事より、会員向けの仏教用語の整理をしたものを委員会報告として発表する準備を進めていること、また先に藤森理事によって紹介された本の中では新保理事と共に視察した中国の寺院の内容が反映されていることなどが補足で報告された。

②メーリングリストについて

事務局より、以下の通り報告された。

・登録者数　個人会員…四十八名　団体会員…五団体

合計　五十三会員（四月二十六日現在）

・今後、事務局から一斉メールを送信予定（送受信確認のため）

・次号のニュースレター（六月～七月発送予定）では、本メーリングリストの運用が始まっている旨を伝え、未登録の方への登録呼びかけを継続して行う。

（しばらくは事務局・吉村のアドレスでも会員との連絡をとれるようにしておくが、今後、学会のメールアドレスに一本化していく）

学会メールアドレス　info.jabsws@gmail.com

③山陽放送からの情報提供のお願いについて

事務局より、本年一月末に届いていた情報提供のお願いへの対応について報告があった。概要は以下の通り。

山陽放送では年に数回シンポジウムを開催しており、今年は岡山県ゆかりの方を中心に、仏教と福祉に関するシンポを開催したい。さしあたっては、

①津田明導　一八六二～一九四六（津田白印）浄土真宗

②清田寂坦　?～一九六七　天台宗

③高橋慈本　一八七九～一九四五　真言宗

上記三名について、人物史など学術研究の成果の有無その他、情報を提供してほしいとのことであった。

事務局としては、本件を学会の理事・役員に対して連絡し、情報提供を求めた。

結論としては、NDL-OPACやCiniiで検索して出てくる以上の有益な情報は集まらなかったため、分かる範囲のことを取りまとめて先方にお伝えした。

④学会ホームページ更新について

事務局から、学会HPの更新について報告があった。大幅に変更される点は、年報バックナンバーの目次はすべて閲覧可能になることや、書籍紹介で『仏教社会福祉辞典』『仏教社会福祉入門』が紹介されること、また各種規定や会則もPDFでHP上にアップされるので、ネット上で情報が確認できるようになることである。

学会HP　http://jaswas.wdc-jp.com/~jabsws/

⑤年報の在庫状況について

事務局より、以下の表の通り報告された。

日本仏教社会福祉学会年報　在庫一覧

（2018年4月23日現在）

号数	不二出版 在庫数	事務局	合計	備考
全8巻［復刻版第1～26号］	4	2	6	
第27号	80	2	82	
第28号	82	2	84	
第29号	40	2	42	
第30号	90	2	92	
第31号	24	1	25	
第32号	95	2	97	
第33号	385	3	388	
第34号	406	2	408	
第35号	403	3	406	
第36号	407	2	409	
第37号	468	5	473	
第38号	523	17	540	
第39号	473	18	491	
第40号	470	8	478	
第41号	180	18	198	
第42号	231	17	248	
第43号	219	5	224	
第44・45合併号	150	12	162	※1
第46号	65	4	69	※2
第47号	70	2	72	
第48号	50	36	86	

※1　44・45合併号は、事務局にさらに100冊程度在庫あり

※2　46号は事務局にさらに80冊程度在庫あり

☆50周年記念誌（イーフォー）は事務局に大量に在庫あり
（1箱40冊としても4箱以上）

代表理事　五〇周年記念誌は在庫がたくさんあるので、宗教年鑑の後ろのほうに掲載されている色々な仏教系の宗務庁や、一般の実践者の方々への配布も含めて、学会の周知と会員の拡充にもつなげていきたいと考えている。

⑥日本社会福祉系学会連合　次期運営委員就任について

　本学会が学会連合の運営委員に選出された旨が報告された。加盟学会から交代で選出されるものであり、事務局の吉村が就任することとなった。任期は二年（二〇一八年〜二〇一九年度）。正式には五月十四日開催の学会連合の総会にて承認される。

日本社会福祉系学会連合

http://jaswas.wdc-jp.com/index.html

⑦その他

（一）研究助成のご案内

　公益財団法人ユニベール財団「健やかでこころ豊かな社会をめざして」

（二）十一月二十四日（土）「吉田久一史学の継承と展開」

（淑徳大学千葉キャンパス）

　昨年、社会事業史学会・日本近代仏教史研究会とともに開催したシンポジウムを今年も開催する予定。長谷川理事より、本学会からのシンポジストについて要望があり、宮城理事が担当することとなった。

（三）全日本仏教会「災害支援情報交換会」報告書

　藤森理事より紹介があり、ニュースレターに同封することとなった。

平成三十年度　日本仏教社会福祉学会
第二回理事・役員会報告

日時：平成三十年九月二十九日（土）
一〇時一〇分～一三時〇〇分
場所：身延山大学

出席（敬称略）
代表理事　清水　海隆
個人理事　石川　到覚・新保　祐光・長崎　陽子
　長谷川匡俊・藤森　雄介・宮城洋一郎
団体理事　渋谷　哲・宮崎　牧子・小島　恵昭・池上　要靖
　吉村　彰史・長上　深雪
監　事　梅原　基雄
事務局長　吉村　彰史（団体理事兼任）
オブザーバー　平田　真紹（浅草寺福祉会館）
　金田　寿世（同）
　井出　友子（同）

欠席
個人理事　落合　崇志　栗田　修司　田宮　仁　野田　隆生
　鷲見　宗信
監　事　山口　幸照

議事報告

事務局　事務局長より開会の宣言。定足数の確認。欠席理事の先生方からは委任状を頂いている。理事役員数の二分の一以上の出席。理事会規定第六条に基づき本理事会は成立している。規定に基づき、代表理事を議長とした。

議案

〔第一号議案〕会員の異動について

（一）入会会員の承認について

事務局より、次の個人会員二名の入会の申し出が説明され、承認された。

個人会員（順不同）
・古井秀法（早稲田大学人間科学研究科博士後期課程）
・土田耕司（就実短期大学幼児教育学科教授）

（二）退会会員の承認について

事務局より、次の個人会員二名から退会の申し出が説明され、承認された。
・木野美恵子（平成三十年度末退会）
・平野武男

以上のことから、二〇一九年九月二十九日現在の会員数は以下の通りとなった。

個人会員　二〇〇 ＋二 －二＝二〇〇名

団体会員　二十三団体
計　　　二二三会員

〔第二号議案〕会員の種別について

前回までの理事・役員会で議論されてきたように、実践者の会員としての参加、大学院生の会員としての参加、教育機関等を定年退職した会員の継続的参加、等の促進を図るため会員種別を再検討してきた。

それらを経て、事務局より会員種別の変更案とともに、「会則」第五条（会員）、および「理事選出規定」第三条（選挙権・被選挙権）の条文の改定案が以下のように示された。

日本仏教社会福祉学会　会則

【現行】

第五条（会員）本会の会員は次の三種とする。

一　個人会員　本会の趣旨に賛同する個人で理事会の承認を経た者

二　団体会員　本会の事業促進のために助成をなす団体で、理事会の承認を経た者

三　名誉会員　本会に功労のあった個人で、別に定める「名誉会員基準」を満たし、理事会の承認を経た者

【改定】

第五条（会員・会費）本会の会員は次の通りとし、所定の年会費を納めることとする。選挙権・被選挙権については別に定める。

一　個人会員　本会の趣旨に賛同する個人で、理事会の承認を経た者

一―一　一般会員　年会費八〇〇〇円。

一―二　学生会員　年会費三〇〇〇円。個人会員のうち、大学・大学院・専門学校等の教育機関に在学している者（本人の申請による。一般会員に変更可。なお、卒業または修了と同時に一般会員に移行する）。

一―三　賛助会員　年会費五〇〇〇円。個人会員のうち、満六十五歳以上の者（本人の申請による。一般会員に変更可）。

一―四　実践会員　年会費五〇〇〇円。個人会員のうち、仏教社会福祉を実践する者（本人の申請による。一般会員に変更可。）

二　団体会員　本会の事業促進のために助成をなす団体で、理事会の承認を経た者。年会費三〇〇〇〇円とする。

三　名誉会員　本会に功労のあった個人で、別に定める「名誉会員基準」を満たし、理事会の承認を経た者。名誉会員は会費の納入を要しない。

日本仏教社会福祉学会　理事選出規定

【現行】第三条（選挙権・被選挙権）

選挙権及び被選挙権を有する者は、選挙が行われる年の四月一日までに、前年度までの会費を納入している会員とする。なお、名誉会員については、「選挙権」のみを有するものとする。

【改定】第三条（選挙権・被選挙権）

選挙権及び被選挙権を有する者は、選挙が行われる年の四月一日までに、前年度までの会費を納入している会員とする。

一　一般会員は選挙権、被選挙権をともに有する。

二　学生会員は選挙権、被選挙権をともに持たない。

三　賛助会員は選挙権のみを有する。

四　実践会員は選挙権のみを有する。

五　団体会員は選挙権、被選挙権をともに有する。

六　名誉会員は選挙権のみを有する。

意見　会費を会則に掲載することについてはどうか。

事務局　新規の会員希望の方から、事務局に個別に会費の問い合わせがある。また、会費について会則で言及している学会も多々あることも踏まえ、会則に会費についても掲載することにした。第十九条の「会計」の条文にて別表を作り掲載する手もある。

意見　変動する可能性のある事柄を会則に載せるにはメリット・デメリットある。変更する際は総会に諮らなければならないが、例えば年会費を所属機関で会計処理をする際に、会則などを添付しないといけないことも多く、会則に会費について明示していることによるメリットもある。

意見　既存の会員への周知や変更手続きについてはどのようにするのか。

事務局　個別の申し出によるので、今年度に入会された方を含め、変更手続き、期限など、丁寧なアナウンスをしていく。

意見　予算案作成の際にも、会費収入については留意が必要となる。事務局の作業負担が増えるが、しっかり、丁寧に取り組んでいただきたい。

以上、会員種別の変更内容、会則の条文変更、会則に会費について明示することの利便性、種別変更の手続き等について議論が交わされ、原案が承認された。

次いで事務局より、今回会則の一部改定を行うことから、会則全体を見直したところ、第二条・第六条・第七条・第八条・第十四条の条文についても改定案が以下の通り示され、原案が承認された。

【現行】第二条（事務所）本会の事務所は、代表理事の指定した地におく。

【改定】第二条（事務局）本会の事務局は、代表理事の指定した地におく。

【現行】第六条（入会）本会に入会を希望する者は、申込書を本会事務所に提出し所定の会費を納めるものとする。

【改定】第六条（入会）本会に入会を希望する者は、申込書を本会事務局に提出し所定の会費を納めるものとする。

【現行】第七条（会員の権利）会員は、本会刊行物の配布を受け、各種の会合に出席し、また会誌及び会合において、その研究を発表することができる。但し、会費を前年度分まで納入していない者は、会誌および会合において、その研究を発表することが出来ず、会誌の配布を受けられない。

【改定】第七条（会員の権利）

一会員は、本会刊行物の配布を受け、各種の会合に出席し、また年報及び大会において、その研究を発表することができる。但し、会費を前年度分まで納入していない者は、年報及び大会において、その研究を発表することが出来ず、刊行物の配布を受けられない。

二選挙権・被選挙権については、理事選出規定において別に定める。

【現行】第八条（退会）退会を希望する者は事務所に通告して退会するものとする。但し、如何なる場合でも既納の会費は返還しない。会費を三年以上にわたって滞納した者は、理事会において退会したものとみなすことがある。

【改定】第八条（退会）退会を希望する者は、退会届を本会事務局に提出する。なお、退会の承認は退会届が提出された年度の年度末とし、過年度分の未納会費ならびに当該年度の会費を納めることとする。また、如何なる場合でも既納の会費は返還しない。会費を三年以上にわたって滞納した者は、理事会において退会したものとみなすことがある。

【現行】第十四条（事務職員）本会の事務所に事務職員をおく。

【改定】第十四条（事務職員）本会の事務局に事務職員をおく。

〔第三号議案〕メーリングリストの登録について

事務局より、九月二十八日現在の登録者は八十名程度であること、及びこの数日前に理事・役員には一斉送信のテストを行ったことが報告された。今後、例えば大会日程中の台風の影響等も随時、メーリングリストで配信していくことになる。

議長　ニュースレター等も学会ＨＰにアップされている。印刷および郵送費等の経費削減も含めあわせて、これ以降、事務的な連絡の主体は紙媒体からメーリングリストに移行していくこととする。

〔第四号議案：学会賞について〕

事務局より、以下の通り経過報告がなされた。

まず今年一月、宮城洋一郎会員より頼尊恒信会員『真宗学と障害学―障害と自立をとらえる新たな視座の構築のために』（生活書院、二〇一五年）についての推薦があった。

推薦書を提出していただき、研究担当理事の新保理事、藤森理事に加え、障害者福祉及び真宗教学に造詣の深い、佐賀枝夏文会員にも選考委員に加わっていただくよう依頼したところ、快諾を得た。各氏より提出された「学会賞審査結果」（それぞれ、奨励賞として推薦する旨）を基に、三名の連名による「審査結果報告書」が提出された。

審査委員三名の意見をすり合わせて「審査結果報告書」が作成された。概要は以下の通り。

本書は、障害と自立を捉える新たな視座を構築するという目的に対して、「障害学」「真宗学」、「仏教社会福祉」という三つの研究成果を取り入れつつ検討することで、「向下的社会モデル」に基づく「向下的共生運動」という新たな視座の提示を試みている。

特に本研究の独自性でもある障害者の自立観を真宗教学の立場から検討するなかで、「青い芝の会」の運動資料を用いた検討は、日本における従来の障害者の自立にかかわる研究のうえでも貴重な指摘がされていると考える。その検討は、膨大かつ丁寧な文献検討を基盤にした大変意欲的な研究である。またその過程では、本学会の核である「仏教社会福祉」の研究成果を踏まえ検討されており、我々学会員にも多くの気づきをもたらすものである。これまでの本学会の蓄積を昇華させるとともに、今後の発展をも期待させる研究である。

一方で、記述が概論的で論評的であるところに物足りなさや、「共生」の概念整理が不十分であると思われる点、だんないの活動は紹介にとどまっている点、その思想や理念に基づく実践が、新たな障害者の自立観にどのようなインパクトを与えていくのかの検討も必要であろう点などが課題として挙げられた。

しかしこれらは、本著の中で著者の熱い気持ちが伝わる内容、かつ上記のような意義のある研究であることを根拠に、今後の継続的な研究の中で、解決、発展していくことが十分に期待できる。

そのため、本著は学会奨励賞に十分に値すると判断をした。

意見　手続き上の問題ですが、次年度の総会で賞状をお渡しするという方法もあるのではないか。また今後、受賞者にお時間をいただいてご報告いただく、ということも含めて。

意見　今までは同一年度で、第二回の理事役員会を経て総会の後に授賞式をしていた。

議長　承認の件と、ご発表の件は別に考える。同一年度で、第二回の理事役員会を経て総会の後に授賞式ということは従来通りでよい。そして受賞された方に次年度の大会でご発表をいただけないかを打診することは可能なので、受賞者の日程が許せばお願いすることにしたい。

〔第五号議案〕平成三十一年度事業計画（案）および平成三十一年度予算（案）について

まず事業計画（案）について、事務局より以下の通り説明された。

①理事会・総会開催予定
平成三十一年度理事会
第一回　平成三十一年四月二十七日（土）
（於：立正大学　品川キャンパス）
第二回　平成三十一年九月十日（火）
（於：浅草寺福祉会館）
平成三十一年度総会
平成三十一年九月十日（火）
（於：浅草寺福祉会館）

②年報刊行事業
平成三十一年度　第五〇号刊行

③研究助成事業
（一）仏教社会福祉勉強会の開催
（二）学会賞（学術賞・奨励賞）授与事業
第七回学会賞（対象期間：平成三十年一月一日～平成三十二年十二月三十一日）

④第五十四回学術大会開催事業
平成三十一年九月十日（火）～九月十一日（水）
於：浅草寺福祉会館

⑤広報事業
（１）ニュースレターの発行（年二回）
（２）ホームページ維持・管理
（３）メーリングリストでの情報提供

⑥研究事業
（１）仏教ソーシャルワーク研究プロジェクト
（委員長：新保理事）
（２）仏教社会福祉学研究史（仮）プロジェクト
（委員長：池上理事）
（３）「日本の地域社会におけるソーシャルワークと仏教の協働モデルの開発」プロジェクト（委員長：藤森理事）

⑦学会事業担当
（１）担当理事及び委員会
①年報編集担当理事：栗田理事
②研究担当理事：
・仏教ソーシャルワーク研究プロジェクト：新保理事
・「日本の地域社会におけるソーシャルワークと仏教の

協働モデルの開発」プロジェクト：藤森理事
・仏教社会福祉勉強会：梅原幹事・長上理事
・『仏教社会福祉学研究史（仮）』編集刊行委員会：池上理事

（2）事務局：吉村

⑧理事・役員改選

議長　来年五月の即位式の影響で、四月二十七日（土）から十連休となる可能性がある。交通機関の影響を鑑みると、第一回の理事・役員会を四月二十日あるいは十三日に前倒しにすることも検討する。理事役員には追って連絡する。

意見　勉強会の件で、『『仏教社会福祉入門』を活用した勉強会」というよりは『仏教社会福祉』に関する勉強会と改称した方が、勉強会を開催しやすいと思う。

議長　それでは、「仏教社会福祉勉強会」と改称することにしたい。

次に、上記計画に対する予算（案）について、事務局より説明された。

次年度は、今回の会員種別変更により、個人会員費の予算収入については変動があると考えられる。支出については、学会賞は次回三年後なので減額、交通費等も実態に合わせて減額している。逆に、理事改選の選挙があるため、郵送費を増額、選挙事務費を新たに起こしている。

審議の後、予算（案）が承認された。

〔第六号議案〕平成三十一年度　第五十四回大会について

浅草寺福祉会館主任の平田真紹氏より、企画概要について以下の通り説明があった。

①大会テーマ（案）「地域福祉と仏教福祉」「地域で共に生きる～仏教と社会福祉の役割～」「寺院による福祉活動」等

②内容（案）

基調講演　テーマは未定、講師は壬生真康教化部長

シンポジウム　テーマ「上記大会テーマ」もしくは「寺院による福祉活動～浅草寺を中心にして～」

シンポジスト1：大久保秀子先生（浅草寺社会事業）
シンポジスト2：伊藤　直文先生（相談事業）
シンポジスト3：石川　到覚先生（会館活動）
コーディネーター：宮城洋一郎先生

③大会組織

学会物故者法要お導師：浅草寺貫首　田中昭徳大僧正
大会長：守山雄順　執事長
大会実行委員長：平田真紹　福祉会館主任
大会実行委員：金田寿世、渡邊智明、井手友子、大塚明子、髙橋知恵
大会事務局：浅草寺福祉会館

④スケジュール案

石川理事　二十年前は仏教ボランタリズムをテーマに開催した。現場と学会、仏教系の法人と大学とが交替でやっていければ、という今後のことを想定すると、今回は浅草寺の取り組みを全面に出していただいた方が、かえって次回以降、仏教系の法人、現場の方も前に出やすくなるのではと思い、上記のようなシンポを企画することにした。大久保先生は本学会で奨励賞を受賞された方で、歴史的な方面からお話をいただく。伊藤先生は大正大学の心理社会学部の先生で、臨床心理の立場からお話をいただく。宮城先生は、学会側としても、以前から学会の五〇年誌や年表作りのために何度も足を運んでいただいている。

議長　大会テーマは「寺院による福祉活動」、シンポジウムテーマは「寺院による福祉活動～浅草寺を中心にして～」ということで仮につけさせていただきたい。また日程についても、平日に開催するパターンということで、浅草寺様のご協力を得ながらやってまいりたい。

〔第七号議案〕平成三十二年度　第五十五回大会について

議長　事前に打ち合わせができていないので、これから鋭意、調整・お声かけをしていきたい。

〔第八号議案〕

その他①「仏教教育学会・仏教文化学会」との連携について

宮崎理事より、大正大学の塩入法道先生（仏教教育学会会長・仏教文化学会理事長）から本学会に対し、仏教系の学会同士で情報を共有し、大会やシンポでは共に学び合える関係を作りたい旨の申し出があったことが報告された。

議長より、ぜひ連携していく方向で、事務局も動いていく旨が伝えられた。

その他②「アジアの仏教ソーシャルワーク」シンポジウムについて

藤森理事より、龍谷大学の国際社会文化研究所と淑徳大学のアジア国際社会福祉研究所で共同シンポジウムを企画しており、本学会としてこのシンポを後援してほしい旨の申し出がなされ、議長より、当シンポを後援する旨が伝えられた。詳細は以下の通り。

「アジアの仏教ソーシャルワーク～日本が忘れてきたもの～」

日程：二〇一八年十二月二十二日（土）一〇時～一六時

会場：龍谷大学大宮キャンパス

①一〇時～一一時三〇分

開会の辞　龍谷大学国際社会文化研究所所長　佐藤彰男教授

淑徳大学アジア国際社会福祉研究所所長　秋元　樹教授

アジアの仏教ソーシャルワーク紹介
イントロダクション・コメンテーター
郷堀ヨゼフ准教授（淑徳大学アジア国際社会福祉研究所）
カンボジアの仏教ソーシャルワーク
Dr. Bora Chun（ボラ・チュン教授）（王立プノンペン大学　人文・社会学部ソーシャルワーク学科）
モンゴルの仏教ソーシャルワーク
Dr. Batkhishig Adilbish（バットキシグ・アディルビッシュ准教授）（モンゴル国立大学人文科学部社会学・ソーシャルワーク学科）

②一三時～一六時　シンポジウム
研究紹介
議論テーマ主旨説明　郷堀ヨゼフ准教授
シンポジスト
・Dr. Batkhishig Adilbish（バットキシグ・アディルビッシュ准教授）
・Dr. Bora Chun（ボラ・チュン教授）
・鍋島直樹教授（龍谷大学文学部真宗学科、人間・科学・宗教オープンリサーチセンター長）
コメンテーター　中根真教授（龍谷大学短期大学部学部長）
コーディネーター　藤森雄介教授（淑徳大学アジア国際社会福祉研究所所長補佐）
閉会の辞　長上深雪教授（龍谷大学副学長、社会学部現代福祉学科）
総合司会　栗田修司教授（龍谷大学社会学部現代福祉学科、国際社会文化研究所）

報告事項

①各担当理事の報告

（年報編集・査読）栗田担当理事より、以下の内容について報告された。（都合により欠席、事務局代読）
・『年報』四十九号の発行。大会原稿（事務局関係）は校正中。投稿論文四本、査読および査読なしで編集員会にて掲載について検討中。
・投稿原稿のフローチャートおよび事例研究の論文作成方法については継続検討。
・年報編集委員会の開催（平成三十年九月三十日予定、於：身延山大学）
・『年報』五〇号に向けての編集方針の継続検討（記念号とするのか？記念号の場合の依頼原稿に関して）
・『年報』五〇号発行にむけての編集作業
備考：今年度は、前大会校の迅速な対応により、大会原稿は順調に進捗しているが、投稿原稿については、種々の課題が生じ進捗が遅れている。学会から依頼した原稿を査読にまわし、結果として当該執筆者から辞退の申し出があったとの前回の理事会での報告については、委員長として聞き取り等を行ったところ、引継ぎ時点において当該内容が十分に引き継がれなかったことが一因と判明した。再度、学会で確認のうえ、原稿提出者に学会から経緯の説明をする必要があると考える。そのうで、編集に関する引継ぎ等の課題を整理する必要がある。

議長　諸事情を鑑みて、年報五〇号は記念号とはしない。会員増を期待し、内容を充実させたい。

藤森理事　今後、実践領域の方に多く加わってもらい学会で活動してもらうにあたって、文章を書きなれている方、そうでない方とさまざまであるため、サポート体制についての検討は引き続き重要である。

議長　上述の問題、原稿の種別の分け方や扱いも含めて、編集委員長の栗田理事と藤森理事で次回の理事・役員会までに整理していただきたい。

（「日本と地域社会におけるソーシャルワークと仏教の協働モデルの開発」プロジェクト【略称「国内開発」】）藤森担当理事より、以下の通り報告された。具体的には二つの事業を進めている。

（一）「東日本大震災を契機とした地域社会・社会福祉協議会と宗教施設（仏教寺院・神社など）との連携に関する調査」について。調査票については、集計完了。本大会にて、集計結果からみられる傾向等を報告。また、日本宗教学会、浄土宗教学大会にて、本研究の成果の一部を発表。予定としては、集計結果に分析コメントをつけた報告書を作成。なお、調査票回収時に行ったヒアリング調査の内容（七十時間余の音声データ、活字化済）をどのように編集して「読んでもらえる」報告書に落とし込んでいくのかが課題。地域社会における寺院、僧侶等の実践のモデル事例については、現在担当を調整中。十一月以降、順次調査開始予定。

（二）「仏教社会支援活動プラットフォーム」について。九月二十八日現在、登録済二件、承認済登録待十七件、承認申請一件、計二十件である。予定としては、全日本仏教会前事務総長の久喜氏にご協力頂きながら、主な宗派教団の該当部署を直接訪問して登録を依頼していく。

（仏教ソーシャルワーク研究プロジェクト）新保担当理事より、以下の通り報告された。

春の理事・役員会でも報告した通り、体制の立て直しを図っているところである。現段階では、まだ明確な方向性もつかめないままである。そのため出来ることとして、淑徳大学の「アジアのソーシャルワークにおける仏教の可能性に関する総合的研究」への研究協力と、臨床宗教師の養成課程に関わることで、宗教者の社会的実践の基盤となる価値は何か、それを具現化する知識、技能とは何かの検討を行っている。研究組織の体制作りを課題としてきたが、まずはその前提となる目指すべき方向性の検討の段階である。

予定としては、淑徳大学の私立大学戦略的研究基盤形成支援事業「アジアのソーシャルワークにおける仏教の可能性に関する総合的研究」への研究協力を行う。また、大正大学大学院にて、臨床宗教師養成課程の科目をもつことで、宗教者の社会的実践に必要とされる価値、知識、技能とは何かを検討する。なお今後、本学会員で地域ベースの幅広いソーシャルワーク領域の研究者も加えたアジア仏教ソーシャルワークの検討とともに、引き続き日本仏教ソーシャルワーク研究の深化に向けて進めていくための、研究の方向性の設定から研究体制の検討を行う。

「仏教社会福祉勉強会」担当梅原幹事・長上理事より、前期は都合により開催できなかったが、後期は「入門」という制限を外して、勉強会を開催する旨が報告された。

②事務局報告　平成三〇年度総会について

議長より、台風の影響により翌日の総会開催が危ぶまれるので、大会校の池上理事と相談の上、本日のシンポを少し早めに終了し、総会を開催する予定であることが報告された。

③その他

（1）シンポジウム「吉田久一史学の継承と展開」（日本仏教社会福祉学会・社会事業史学会・日本近代仏教史研究会共催）

開催日時：二〇一八年十一月二十四日（土）

開催場所：淑徳大学千葉キャンパス淑水記念館一号館二階多目的室　一三時～

【司会】永岡正己（日本福祉大学）、林淳（愛知学院大学）

開会の挨拶　長谷川匡俊（淑徳大学）

趣旨説明　林淳（愛知学院大学）

一三時一〇分～一四時五五分

宮城洋一郎（種智院大学）「吉田久一氏の仏教福祉研究―古代・中世を中心に―」

碧海寿広（龍谷大学アジア仏教文化センター）「清澤満之と吉田久一」

江連崇（名寄市立大学）「監獄教誨からみる吉田史学の『福祉と宗教』」

一五時一〇分～一六時二〇分

岩崎晋也（法政大学）「吉田久一による社会福祉理論史

研究について」

池田智文（ノートルダム女学院中学高等学校）「戦後日本史学と吉田久一」

一六時二〇分～一六時五〇分

コメント1　石井洗二（四国学院大学）

コメント2　岡田正彦（天理大学）

一六時五〇分～一七時三〇分　全体討論

一七時四〇分～一九時〇〇分　懇親会

（2）日本学術会議公開シンポジウム「社会的つながりが弱い人への支援のあり方について」（主催：日本学術会議社会学委員会社会福祉学分科会・共催：日本社会福祉系学会連合）

平成三十一年一月十四日（月）一四時～一七時四〇分

場所：日本学術会議講堂

一四時　開会のあいさつ

白澤政和（日本学術会議連携会員・社会福祉学分科会委員、桜美林大学大学院老年学研究科教授、一般社団法人日本ソーシャルワーク教育学校連盟会長）

一四時一〇分　日本学術会議提言「社会的つながりが弱い人への支援のあり方について―社会福祉学の視点から」の説明

岩崎晋也（日本学術会議会員・社会福祉学分科会委員長、法政大現代福祉学部教授）

一四時三〇分　講演「イギリスにおける孤独問題と社会的支援」

ジャネット・ウォーカー（リンカーン大学保健・社会福祉学部副学部長、国際ソーシャルワーク学校連盟イギリス代表理事）

一五時四〇分　シンポジウム「社会的つながりが弱い人への支援のあり方について」

司会　原田正樹（日本学術会議連携会員・社会福祉学分科会委員、日本福祉大学社会福祉学部教授）

シンポジスト

高木美智代（厚生労働副大臣）

勝部麗子（社会福祉法人豊中市社会福祉協議会福祉推進室長）

奥田知志（ＮＰＯ法人抱樸理事長）

コメンテーター

岩崎晋也

ジャネット・ウォーカー

一七時三〇分　閉会のあいさつ

木原活信（日本社会福祉系学会連合会長、同志社大学社会学部教授）

（3）仏教文化学会第二十八回学術大会「僧侶養成の歴史

と展望」
平成三十年十一月二十四日（土）於・大正大学巣鴨校舎
研究発表会　九時一五分より
シンポジウム　一三時〇〇分より

平成三十年度　日本仏教社会福祉学会　総会報告

身延山大学にて開催された第五十三回大会は、台風の影響を鑑みて総会の日時を変更し、初日の一七時から一七時四〇分に平成三十年度総会を開催した。

宮崎牧子理事が議長に選出され、平成二十九年度事業報告及び決算、平成三十一年度事業計画及び予算について議事が進められた。梅原監事による会計監査も報告された。

また、会員の種別ならびに会則改正についても承認され、二〇一九年四月からの施行となる。

報告事項としては、会員の異動や担当理事・役員会からの報告がなされた。また、来年度の大会開催校である浅草寺福祉会館の平田真紹氏から挨拶があり、日程、企画等について報告された。

さらに、第六回学会賞については、頼尊恒信会員『真宗学と障害学—障害と自立をとらえる新たな視座の構築のために』（生活書院、二〇一五年）に対し、厳正なる審査の結果、奨励賞が授与されることが報告された。

審議された議案四件、報告事項六件については、全件が承認された。

仏教社会福祉勉強会（関東ブロック）報告

テーマ：仏教福祉における更生保護
講　師：梅原基雄先生（本学会会員）
日　時：平成三十一年二月十三日（水）一四時～一六時
場　所：浅草寺普門会館二階
参加者：十二名（学会員八名、非学会員四名）

一四時〇〇分～一五時三〇分　講義

1　はじめに
（1）司法福祉とは　（2）再犯・再非行
2　更生保護
（1）更生保護とは　（2）更生保護の内容
（3）医療観察制度　（4）経過
3　司法と福祉の連携
4　仏教と更生保護
（1）教誨　（2）司法保護（更生保護）　（3）保護司
（4）少年法　（5）司法保護事業法
5　宗教と罪
（1）キリスト教　（2）イスラム教　（3）仏教
6　刑法での刑罰
（1）応報刑　（2）教育刑
7　おわりに　課題として

一五時三〇分～一六時〇〇分　質疑応答・意見交換

教誨師と再犯率、在日外国人の家族問題や宗教観、宗教教育、保護司・民生委員の不足、ＢＢＳの活用、法律家の応報刑と教育刑の立場の違い、明治期の檀家制度・氏子制度と感化救済事業、戦後の地域弱体化など多岐にわたり活発に質疑応答や意見交換がなされた。

（報告：金田寿世会員）

日本仏教社会福祉学会役員名簿（二〇一八年度）

Ⅰ　個人会員選出理事

清水　海隆（立正大学）代表理事
石川　到覚（大正大学）
落合　崇志（大正大学）
栗田　修司（龍谷大学）
新保　祐光（大正大学）
田宮　　仁（淑徳大学）
長崎　陽子（龍谷大学）
野田　隆生（華頂短期大学）
長谷川匡俊（淑徳大学）
藤森　雄介（淑徳大学）
宮城洋一郎（種智院大学）
鷲見　宗信（大正大学）

Ⅱ　団体会員選出理事

淑徳大学　　渋谷　　哲
大正大学　　宮崎　牧子
同朋大学　　小島　恵昭
身延山大学　池上　要靖
立正大学　　吉村　彰史
龍谷大学　　長上　深雪

Ⅲ　監事

梅原　基雄（淑徳大学短期大学部）
山口　幸照（密教福祉研究所）

Ⅳ　学会事業・事務局

年報編集委員長　栗田　修司（龍谷大学）
仏教ソーシャルワーク研究プロジェクト委員長　新保　祐光（大正大学）
日本の地域社会におけるソーシャルワークと仏教の協働モデルの開発プロジェクト　藤森　雄介（淑徳大学）
『仏教社会福祉学研究史（仮）』編集委員長　池上　要靖（身延山大学）
『仏教社会福祉入門』を活用した勉強会　東部　梅原　基雄（淑徳大学短期大学部）
西部　長上　深雪（龍谷大学）
事務局長　吉村　彰史（立正大学）

平成29年度　日本仏教社会福祉学会　収支決算書
平成29年４月１日～平成30年３月31日

収入の部

（単位：円）

項　　目	予算額	決算額	増（▲）・減	摘　　　要
前年度繰越金	43,000	1,824,032	1,781,032	
個人会員費	1,632,000	1,036,000	▲ 596,000	8,000円×129口 +2,000円×２口
団体会員費	660,000	630,000	▲ 30,000	30,000円×21口
貯金利子	1,000	12	▲ 988	ゆうちょ銀行口座利子
雑収入	50,000	41,250	▲ 8,750	年報売上
その他		13,000		通知票第１号・２号分（20180427現在確認中）
収入計	2,386,000	3,544,294	1,158,294	

支出の部

項　　目	予算額	決算額	増（▲）・減	摘　　　要
大会助成費	400,000	400,000	0	第52回大会助成（@種智院大学）
年報刊行費	1,000,000	836,892	163,108	年報48号編集経費
研究費	100,000	0	100,000	
会議費	20,000	10,021	9,979	理事会会議費等
交通費	200,000	72,570	127,430	諸会議交通費等
通信運搬費	100,000	159,498	▲ 59,498	郵便及宅急便費
事務費	50,000	23,923	26,077	文具消耗品
謝金	360,000	360,000	0	事務員謝金
雑費	5,000	2,392	2,608	振込手数料
学会賞賞金	0	0	0	
学術会議分担金	20,000	30,000	▲ 10,000	日本社会福祉学系学会連合
ホームページ維持費	32,400	32,400	0	平成29年度支払（国際文献社）
理事選出選挙事務費	0	0	0	
予備費	5,000	6,480	▲ 1,480	学会賞候補書籍購入費
支出計	2,292,400	1,934,176	358,224	

収支総合計

項　　目	予算額	決算額	増（▲）・減	摘　　　要
収入計	2,386,000	3,544,294	1,158,294	
支出計	2,292,400	1,934,176	▲ 358,224	
次年度繰越金	93,600	1,610,118	1,516,518	平成30年度へ

※学会特別基金①1,000,000円（平成20年７月23日付にて郵便定額貯金で保管）

平成31年度　日本仏教社会福祉学会　収支予算書
平成31年４月１日～令和２年３月31日

収入の部

（単位：円）

項　　目	31年度予算	前年度予算	増・減（▲）	摘　　要
前年度繰越金	32,200	0		
個人会員費	1,600,000	1,648,000	▲ 48,000	8,000円×200口（暫定）
団体会員費	690,000	660,000	30,000	30,000円×23口
貯金利子	1,000	1,000	0	郵便口座利子等
雑収入	50,000	50,000	0	年報売上代金等
収入計	2,373,200	2,359,000	14,200	

支出の部

項　　目	31年度予算	前年度予算	増（▲）・減	摘　　要
大会助成費	400,000	400,000	0	第54回大会助成
年報刊行費	1,000,000	1,000,000	0	第50号印刷費
研究費	100,000	100,000	0	仏教社会福祉勉強会の際の経費等
会議費	20,000	20,000	0	理事会会議費等
交通費	150,000	200,000	▲ 50,000	諸会議交通費等
通信運搬費	150,000	100,000	50,000	郵便及宅急便費
事務費	50,000	50,000	0	文具消耗品及封筒印刷等
謝金	360,000	360,000	0	事務員謝金
雑費	5,000	5,000	0	振込手数料等
学会賞賞金	0	150,000	▲150,000	第７回学術賞・奨励賞　次回令和２年度
学術会議分担金	30,000	20,000	10,000	日本社会福祉学系学会連合
ホームページ維持費	32,400	32,400	0	ホームページ更新費
理事選出選挙事務費	30,000	0	30,000	理事改選・次回平成31年度
予備費	10,000	20,000	▲ 10,000	
支出計	2,337,400	2,457,400	▲ 120,000	

収支総合計

項　　目	31年度予算	前年度予算	増・減（▲）	摘　　要
収入計	2,373,200	2,409,600	▲ 36,400	
支出計	2,337,400	2,377,400	▲ 40,000	
次年度繰越金	35,800	32,200	3,600	令和２年度へ

※学会特別基金①1,000,000円（平成20年７月23日付にて郵便定額貯金で保管）

CONTENTS

〔研究ノート〕

学生の子育て支援活動から考察する「行学二道」の現代的意義

身延山大学　伊東　久実

要旨

本論では、「行学二道」の精神を学生の子育て支援活動に即して現代語化し、その上で「行学二道」の大学教育における現代的意義を考察する。分析対象としては、学生の５年間分の活動後の振り返りシートと卒業論文抄録を用いる。現代語化した「行（実践）」と「学（学問）」の関連性を分析した結果、①「学」の修得のないところに積極的な「行」は起こり難い、②「学」の修得と親子との積極的な「行」の両方が学生の自信向上に寄与する、③「行」において人の喜ぶ様子に楽しさを感じた学生（＝「喜」を得た学生）は、「学」の修得上位群に多い、④学生の「行学二道」は「喜」を得ることで力強く循環する、⑤「行学二道」によって「喜」を得ることは、学生の「布施」の意識を喚起させる、ことが想定された。「行学二道」は、「知る学び」から「他者と共に生きる社会を創るための学び」への変換が求められる現代においても重要な教育理念と言えよう。

キーワード：

行学二道、現代語化、子育て支援、喜、布施

はじめに

本論では、「行学二道」の精神を学生の子育て支援活動に即して現代語化[1]し、その上で「行学二道」の大学教育における現代的意義を考察する。

「行学二道」は、身延山大学において掲げられてきた建学理念である。「行」とは、僧侶の厳しい修行と捉えるのではなく、「他者の心身を救済する実践」という言葉で換言される[2]。学問による裏打ちをもって、他者の心身を救済する実践の方法を構築していくことが「行学二道」であると示されている。つまり、「行学二道」とは、「社会貢献」できる人間養成のための教育実践とも捉えられる。それは、現在の大学教育において重要な教育活動として定着したサービスラーニングと理念を共にするものである。サービスラーニングとは、「一定の期間、地域のニーズ等を踏まえた社会奉仕活動を体験することによって、それまで知識として学んできたことを実際のサービス体験に活かし、また実際のサービス体験から自分の学問的取組や進路について新たな

視野を得る教育プログラム」[3] である。したがって、「行学二道」を取り上げることによってこの仏教用語に現代的価値と意義を与えることができると考える。

本論においては、「行学二道」が仏教福祉分野の大学教育においてどのように具現化されているかを、本学の学生が６年間取り組んできた身延児童館における子育て支援活動を通して示すことによって現代語化を試みる。 次に、現代語化した「行（実践)」と「学（学問)」の間にはどのような関連性があるのかを学生の実践に則して検証する。これにより「行学二道」の現代的な意義を考察し、図式化を試みる。分析対象としては、５年間分の学生の活動後の振り返りシート（質問項目と自由記述欄あり）を用いる。質問項目への回答は単純集計およびクロス集計で分析し、自由記述欄への回答はKH Coder（Ver.3）[4] によって分析する。さらに、学生の卒業論文抄録の内容分析も行う。

1. 子育て支援活動に則した「行学二道」の現代語化

1. 1 「行」としての子育て支援活動の実践内容

身延山大学は、平成24年度から身延町子育て支援課の依頼を受け、身延児童館において地域の未就学児とその親を対象とした子育て支援活動を行っている。平成29年12月までに、合計21回の活動を実施した。

学生が活動する身延町は高齢化の進行が著しい地域であるため、都市部に比べ町内の乳幼児をもつ親は同年代の子育て家族と出会いの機会が限られる傾向にある[5]。また、核家族率は山梨県の平均と比べ高くはないものの、祖父母と同居していても祖父母が就労している家庭が多くあり、日中母と子のみになるケースが多い。このような子育て環境ゆえに、子育ての孤立化を防ぐために子育て支援が必要とされている。こうした地域の課題に対して、保育を学ぶ学生が学内の学び（「学」）を基盤に、地域の親子を対象に子育て支援活動を実践（「行」）している。

活動内容は、人形劇や大型絵本などのシアター的活動から始まり、親子でのふれあい歌遊びや親子で協働しての造形遊び、また、集団でなければできない運動遊びのパラバルーンなどである。活動を通して親が子どもの笑顔に触れ、子どもと共に過ごす時間を楽しいと実感できるよう内容を工夫している。つまり、遊びを通して行う子育て支援活動である。

表1　子育て支援イベント「おにいさんおねえさんとあそぼう！」開催の記録

回	日時	内　容	対象年齢	参加人数	学生数
1	平成24年 1月14日	・パネルシアター上演（おもちゃのチャチャチャ） ・造形活動（スタンピングTシャツ、ニョロニョロ紙コップ、風船ロケットなど） ・親子ふれあい歌遊び	未就学児と親	子ども11名 親9名	4名
2	5月12日	・エプロンシアター上演(まるさんかくしかく) ・造形活動（新聞紙ボールキャッチ） ・身体遊び(的当てキック、ころころ丸ぶつけ) ・親子ふれあい歌遊び（ハッスル糸巻き組み体操、トンネルダッシュなど）	未就学児と親	子ども14名 親12名	8名
3	12月8日	・大型絵本 ・親子ふれあい歌遊び(クリスマスソングゲーム) ・大型パズル宝さがし ・造形活動（ペットボトルイルミネーション、ころころ車など） ・紙芝居	未就学児と親	子ども19名 親9名	7名
（中略）					
19	平成29年 5月30日	・手遊び ・人形劇「大きなかぶ」 ・親子ふれあい歌遊び（「馬はとしとし」などのわらべ歌を中心に） ・パラバルーン（メリーゴーランド、山登り、波、大きなおうち） ・造形活動（紙皿こま作り）	未就学児と親、町内のA保育所2歳児と保育士	子ども17名 親8名 保育士10名	12名
20	9月20日	・手遊び ・人形劇「大きなさつまいも」 ・親子ふれあい歌遊び（「ひらいたひらいた」などのわらべ歌を中心に） ・パラバルーン（メリーゴーランド、山登り、波、大きなおうち） ・造形活動（ぶどうの壁飾り作り）	未就学児と親、町内のB保育所2歳児と保育士	子ども15名 親6名 保育士2名	5名
21	12月5日	・手遊び ・人形劇「大きなかぶ―クリスマス編―」 ・プレゼント探し ・親子ふれあい歌遊び（くっついた、大きな太鼓、ポップコーン） ・造形活動(クリスマスオーナメントのベル・リース作り)	未就学児と親、町内のC保育所2歳児と保育士	子ども18名 親8名 保育士2名	7名

1．2　「行」の基盤となる「学」としての学内教科目

次に、子育て支援活動の実践（「行」）の基礎となる学内での学び、すなわち「学」について科目名を表2に示す。

表２　「学」としての学内教科目名

〈１年次〉 保育原理 、トレーニングと身体Ⅰ・Ⅱ、発達心理学 、仏教福祉学概論、仏教福祉の実践、社会福祉概論Ⅰ・Ⅱ、仏教と社会活動、保育の心理学Ⅰ、人間関係とコミュニケーション、音楽Ⅰ・Ⅱ

〈２年次〉 保育の心理学Ⅱ、児童家庭福祉論、保育者論、家庭支援論、社会的養護、子どもの保健Ⅰ－１、図画工作Ⅰ・Ⅱ、障がい児保育、小児体育Ⅰ・Ⅱ、保育内容総論、保育内容健康、保育内容人間関係、保育内容環境、保育内容言葉、保育内容表現Ⅰ・Ⅱ、保育実習指導Ⅰ・Ⅱ、保育実習Ⅰ・Ⅱ、音楽Ⅲ

〈３年次〉 地域福祉の理論と方法Ⅰ・Ⅱ、家庭教育、子どもの保健Ⅰ－２、保育課程論、音楽Ⅳ、子どもの保健Ⅱ、子どもの食と栄養、保育相談支援、乳児保育　保育実習指導Ⅲ・Ⅳ、保育実習Ⅲ・Ⅳ

〈４年次〉 福祉実践論、総合演習、卒業論文

表２のとおり、学生は資格科目である保育系の科目を中心に、仏教福祉、地域福祉などの福祉系科目を包括的に学修して子育て支援を実践する。つまり、学生は子どもの発達の理解や支援の方法と共に、仏教思想に裏付けられた福祉実践の重要性を学修しながら子育て支援活動に臨む。

次に、平成29年５月の子育て支援活動における実践（「行」）と教科目（「学」）との連動を表３に示す。

表３　子育て支援活動における実践（「行」）と教科目（「学」）との連動

(1) 手遊び
保育内容表現Ⅰ、音楽Ⅰ・Ⅱ・Ⅲ・Ⅳ、乳児保育

(2) 人形劇「おおきなかぶ」
保育内容言葉、保育内容表現Ⅰ・Ⅱ、図画工作Ⅰ・Ⅱ

(3) 親子ふれあい歌遊び
乳児保育、保育内容表現Ⅰ、音楽Ⅰ・Ⅱ、保育内容言葉、保育内容人間関係、

(4) パラバルーン
小児体育Ⅰ・Ⅱ　、トレーニングと身体Ⅱ

(5) 造形活動「紙皿こま作り」
保育内容表現Ⅰ・Ⅱ、図画工作Ⅰ・Ⅱ、

(6) 一日の活動を通しての親子とのかかわり方
表２の教科目全般

表３のとおり、(3) 親子ふれあい歌遊びは、主に乳児保育、保育内容表現Ⅰ、音楽Ⅰ・Ⅱ、保育内容言葉、保育内容人間関係などの教科目での学修を、また (5) 造形活動は、主に保育内容表現Ⅰ・Ⅱ、図画工作Ⅰ・Ⅱでの学修を基盤に実践される。

さらに、教科目内での授業内容がどのように実践と結び付くかについて、平成29年度保育内容表現Ⅰ・Ⅱのシラバスを例に挙げて以下に詳述する。

（1）保育内容表現Ⅰ

〈授業のねらいと到達度〉 子どもの生活に即して、領域「表現」のねらいと内容を理解する。また、学生自ら表現することの楽しさを味わうことをねらいとする。この理解を基に、子どもたちの創造性や表現意欲を養い、感性豊かな成長へ導くための援助や指導の方法を学ぶことができる。

（2）保育内容表現Ⅱ

〈授業のねらいと到達度〉 保育実践における幼児の表現活動に注目しながら、それらの意義を保育実践例に基づいて理解する。また、製作実習を通して多様な造形素材に出合うとともに、人形劇を実演したり絵本の読み聞かせを行うことで、保育の現場における指導や援助に必要な技術を獲得し、表現することの楽しさを実感することをねらいとする。

学生は上記の授業のねらいを達成するのに、表４に示した各回の授業内容を学修して児童館で実践する。例えば、(1) 手遊びでは、保育内容表現Ⅰの授業の要点「子どもたちの音楽あそびの援助として何よりも重要なことは演奏の仕方やその出来ばえにこだわらないこと。子どもは音楽的表現をとおして、自分自身のうちに広がる想像の世界を表出していると理解することが大切である。」[6] という点を学生は確認しつつ、支援活動当日の「行」、つまり親子との交流を行っている。

表４　実践内容（「行」）と授業内容（「学」）との関連

子育て支援活動での実践内容（行）	実践（行）のための学びに対応する授業回（平成29年度保育内容表現Ⅰおよび表現Ⅱのシラバスに基づく）	授業の要点*
(1) 手遊び	（表現Ⅰ）第８、９、14回	・音楽遊びの援助として重要なことは、①その出来ばえにこだわらないこと。子どもは音楽的表現をとおして子ども自身の内に広がる想像の世界を表出していると理解することが大切である。②表現の仕方や技法を援助することにとどまらず、子どもの心情や意欲を大切にし、みずから主体的にさまざまに表現しようとする思いを受容すること。③乳幼児の音楽的経験として体の中にリズムを感じることを大切にする。幼児期には旋律を覚え、演奏できることよりも、音をとおして感じる心を育てること、である。
(2) 人形劇	（表現Ⅰ）第10、11回 （表現Ⅱ）第10、13、14回	・登場人物の特徴をとらえ、自分の身体のどの部分をどのように使って端的に表現するかが重要である。 ・大きな動き、小さな動き、強い動き、弱い動き、直線的な動き、曲線的な動きなど、リズムを付けたり、誇張して表現できるように工夫する。

子育て支援活動での実践内容（行）	実践（行）のための学びに対応する授業回（平成29年度保育内容表現Ⅰおよび表現Ⅱのシラバスに基づく）	授業の要点*
(3) 親子ふれあい歌遊び	（表現Ⅰ）第８、９、14回	・子どもたちと一緒に表現を楽しむには、自分自身が身体をのびやかに動かすことが大事である。基礎技術を習得して表現力を高め、恥ずかしがったり萎縮したりせずに楽しんで表現することが大切である。 ・子どもたちは、生活や遊びの中で様々な体験をし、感動や心のゆさぶりをくり返し表出する。この感情の表出が周囲の人に受け止められ共感されることにより、子どもは表現への意欲を高める。保育者が日々子どもたちの表現を楽しむことにより子どもたちの表現は育まれる。
(4) 造形活動	（表現Ⅰ）第６、７、12、13回 （表現Ⅱ）第１、２、３回	・自分の表現がまわりの人に受け入れられると、表現意欲は向上する。それは、自身の気持ちや存在が認められた経験であり、表現することが楽しいと感じられるからである。子どもの表現が受け止められることは次の表現へとつながり、重要である。 ・表現が楽しくなるような環境設定、題材の選定と、子どもの表現したい気持ちの高まりを瞬時にとらえる感性が保育者には要求される。 ・指導計画の立案は、あくまでも柔軟に子ども自らが主体的に活動するための手助けとして作成することが望ましい。保育所保育指針などを基礎資料として子どもの育ちの見通しを学び、その時期に子どもに育てたい力は何か確認する。また、目の前の子どもの生活する姿や興味関心の実態をていねいに考える。 ・計画案を実践し、評価点検し、次の計画を立案する

＊『保育内容表現』（花原：2012）をもとに筆者が要点をまとめた

そして、当日の「行」、つまり親子との活動で得た発見や課題をもとに次回以降の授業に臨む。このように学生は、子育て支援活動を通して親子と時間を共有することで学内での学修を実践知へと高め、実践の振り返りを基に新たな学修への往還を可能にしている。この往還の中で学生は、親子への支援の実践的方法を作り上げていくことになる。子育て支援活動は、「行学二道」が具現化される活動であり、こうして現代語化することによって「行学二道」の精神は、現代に求められる教育プログラム、すなわち地域社会のニーズを踏まえたボランティア活動を通して学びと発見を得るサービスラーニングとの共通点を見出すことができる。

2．教育効果から検討する「行（法）」と「学（問）」の関連性

「行学二道」の精神は、現代語化されることによって、「行」と「学」の関連性を明らかにすることが可能であろうか。ここでは、過去5年間にわたる学生による活動後の振り返りシートをもとに、「行（法）＝実践」と「学（問）」の関連性を検討する。

2．1　方法

2013年から2017年の5年間に実施された子育て支援活動に参加した1年生から4年生の学生延べ84名分の振り返りシートを分析対象とした。振り返りシートには、活動を5件法で振り返る質問項目と、感想の自由記述欄が設けられている。

質問項目は、(1)「90分間実施したイベント活動」に関して、「保育に関する技術が身についた」、「人前で演技をすることが上手になった」、「新たな課題が見つかった」、など全10項目と、(2)「イベント実施前後の交流時間も含む約120分の活動全般」に関して、「子どもと積極的に交流できた」、「保護者と積極的に交流できた」、「自分に自信がもてるようになった」、「新たな課題が見つかった」、など全9項目が示されている。

質問項目への回答方法は、それぞれについて「あてはまる」「少しあてはまる」「どちらでもない」「ややあてはまらない」「あてはまらない」の5件法で、自分の気持ちに最も近いものを1つ選択するよう回答者に求めた。分析方法は、「あてはまる」を5点、「あてはまらない」を1点として単純集計、あるいはクロス集計を行った。

自由記述欄への回答については、KH Coder（Ver.3）を用いてデータ分析を行った。さらに、「行」と「学」の関連性をより明確にするために、回答者の卒業論文抄録の記述内容分析を行った。

倫理的配慮として、回答者には振り返りシートの回答内容は研究目的以外に使用しないこと、また、回答内容によって不利益が生じないことを口頭にて伝えた。卒業論文抄録については、すでに公表済みのものを調査対象とするとともに、特定の回答者には公表の目的並びに匿名性への配慮を口頭と書面にて伝え、許可を得た。また、今回の研究におけるデータ使用については、身延山大学の倫理審査[7)]において承諾を得ている。

2．2　リサーチ・クエスチョン

「行」と「学」の関連性を問うリサーチ・クエスチョンを立てるにあたり、振り返りシートから「行」と「学」の修得を問う質問項目の選定と、自由記述のデータ分析を行った。

「学」の修得を問う質問項目としては、①「保育に関する技術が身についた」と②

「人前で演技をすることが上手になったか」[8] を、また、「行」の修得を問う質問項目としては、③「子どもと積極的に交流できた」と④「保護者と積極的に交流できた」を、そして活動後の自信獲得の有無は、⑤「自分に自信をもてるようになった」を、さらに次回への課題を問う質問項目は、⑥「(イベント活動に対して) 新たな課題が見つかった」と⑦「(イベント前後の交流時間も含めて) 新たな課題が見つかった」を集計対象とした。

テキストマイニングによる自由記述の記載データの分析結果は以下の通りである。

表５　品詞別頻出語リスト

名詞	スコア	出現頻度	動詞	スコア	出現頻度	形容詞	スコア	出現頻度
子ども	76.47	75	関わる	8.49	16	楽しい	4.86	36
活動	39.93	52	できる	5.45	77	良い	1.38	29
絵本	13.32	14	接す	2.03	3	うまい	0.69	8
年生	6.10	10	おこなう	3.00	3	多い	0.30	10
準備	4.30	18	思う	1.11	44	興味深い	0.15	1
次回	4.01	12	生かす	1.10	4	嬉しい	0.14	5
課題	3.64	14	感じる	0.99	13	すごい	0.11	6
積極	2.18	7	見つかる	0.70	7	やすい	0.06	3
参加	2.05	18	遊ぶ	0.49	7	よい	0.04	4

＊各品詞でスコア[9] の上位10語まで表示する

３つの品詞のうち、参加者の情意面を反映している形容詞の第一位「楽しい」に着目し、詳細に記述内容を分析した結果、「自分が楽しい」と「人の喜ぶ様子に楽しさを感じる」の２群があることがわかった[10]。この「人の喜ぶ様子に楽しさを感じる」心は、仏教の用語で「喜」[11] と言い表すことができる。

以上より、「行」と「学」の関連性を問うリサーチ・クエスチョン (RQ) を５点設定した。

RQ 1) 保育に関する知識・技術 (「学」) の修得は、親子との交流 (「行」) を促進させるだろうか

RQ 2) 学生の自信向上の要因は、保育に関する知識・技術 (「学」) の修得と親子との積極的な交流 (「行」) ではどちらの方が強いだろうか

RQ 3) 親子との交流 (「行」) において「喜」(他者の幸福を喜ぶ心) を得た学生は、保育に関する「学」の習得の上位群と下位群のどちらに多いだろうか

RQ 4) 「喜」を得た学生とそうでない学生では、次回への課題意識の強さに差があるだろうか

RQ 5)「喜」を得た学生とそうでない学生では、他者とのかかわりを重視する点において違いがあるだろうか

2．3　結果

RQ 1)「保育に関する知識・技術（「学」）の修得は、親子との交流（「行」）を促進させるだろうか」について

「学」の修得を問う質問項目である、①「保育に関する技術が身についた」と②「人前で演技をすることが上手になった」の合計点（各５点満点×２項目 =10点）が８点以上の上位Ａ群50人と、７点以下の下位Ｂ群34人では、親子との積極的な交流を問う質問項目である③「子どもと積極的に交流できた」と④「保護者と積極的に交流できた」の合計10点満点の平均得点は、Ａ群が7.88点、Ｂ群が6.09点である。t 検定の結果、両群の間には有意差が認められた。

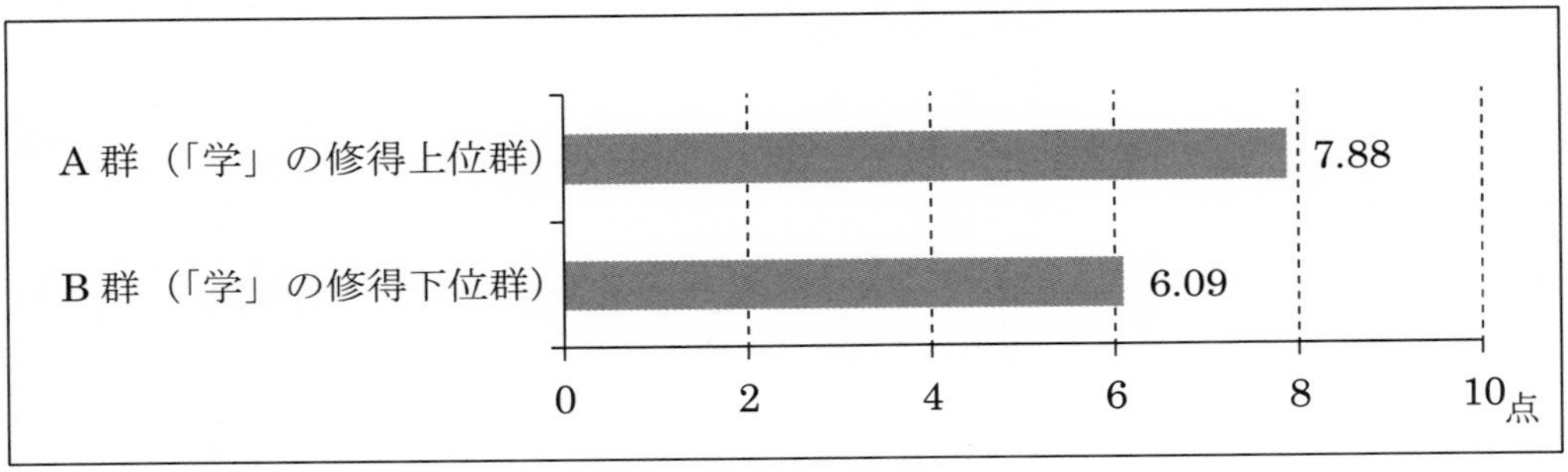

図１　「学」の修得の上・下位群の親子との交流（「行」）

（t = 4.616, df=82, p<0.01）

以上、Ａ群とＢ群の比較から、保育に関する知識・技術の修得が親子との積極的な交流を可能にすることが考えられる。つまり、保育に関する「学」の修得は親子との積極的な交流・実践（「行」）のために必要であり、「学」のないところに積極的な交流「行」は起こり難いと考えられる。

RQ 2)「学生の自信向上の要因は、保育に関する「学」の修得と親子との積極的な交流（「行」）ではどちらの方が強いだろうか」について

質問項目⑤「自分に自信がもてるようになった」に満点（５点）をつけたＡ群は、保育に関する「学」の修得を問う質問項目①と②の合計10点満点の平均点は8.67点である。これに対して、「自分に自信がもてるようになった」に３点及び２点をつけた「特に自信を持てるようになったとはいえない学生」Ｂ群25人のうち、保育に関する「学」の修得を問う質問項目の平均点は6.44点である。t 検定の結果、

両群の間には有意差が認められた。

また、上記「自分に自信がもてるようになった」A群の、親子との積極的な交流を問う質問項目③と④の合計10点満点の平均点は8.61点である。これに対して、「特に自信をもてるようになったとはいえない」B群の、親子との積極的な交流を問う質問項目の平均点は6.08点である。t検定の結果、両群の間には有意差が認められた。

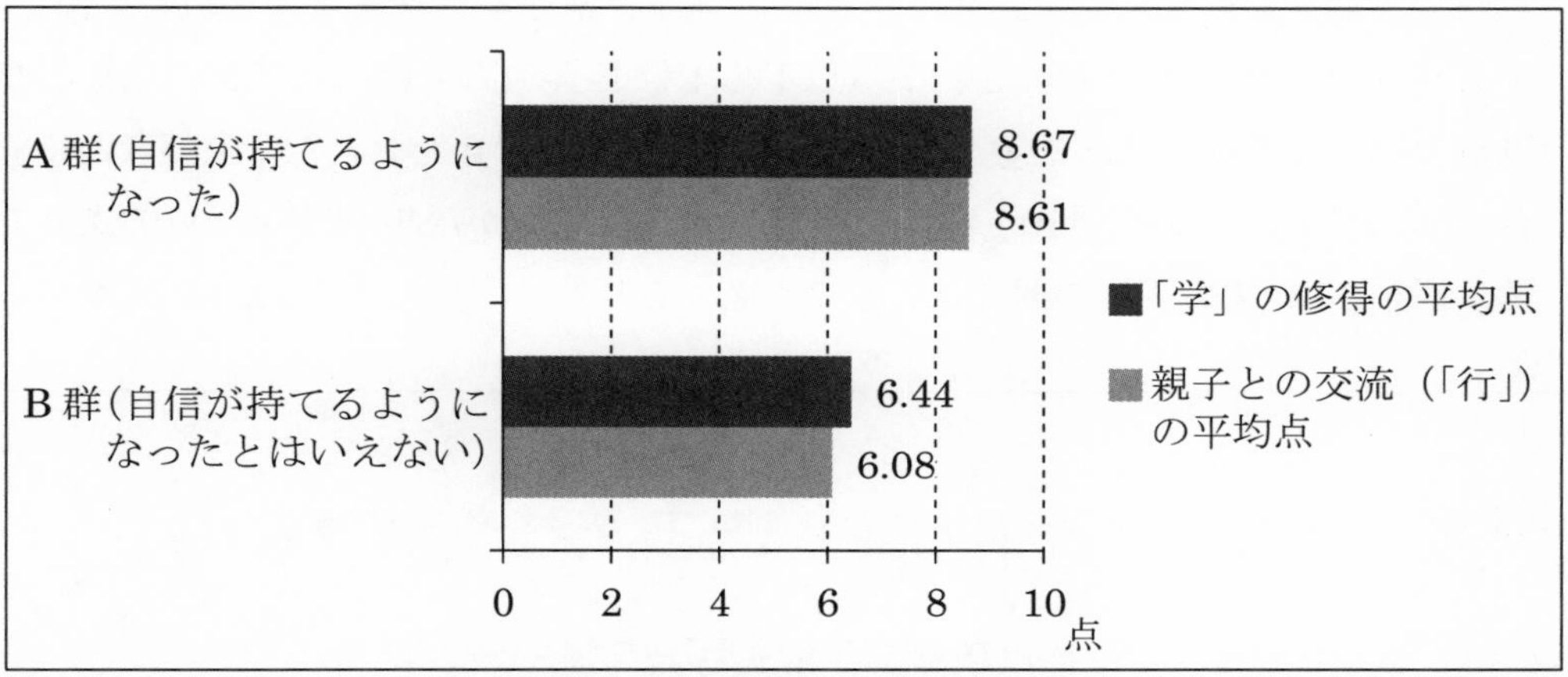

図2 学生の自信向上の要因

A群とB群の「学」の優位検定($t = 5.356$, df=41, $p<0.01$)
A群とB群の「行」の優位検定($t = 4.093$, df=41, $p<0.01$)

以上からわかるように、保育知識・技術の修得と親子との積極的な交流の両方が、学生の自信向上と関連があることが考えられる。つまり、「学」と「行」の両方が学生の自信向上に関連すると考えられる。

RQ 3)「『喜』(他者の幸福を喜ぶ心)を得た学生は、保育に関する『学』の修得の上位群と下位群のどちらに多いだろうか」について

「学」の修得を問う質問項目である①「保育に関する技術が身についた」と②「人前で演技をすることが上手になった」の合計点(各5点満点×2項目)が8点以上となる上位A群と、7点以下の下位B群のそれぞれについて自由記述欄への回答の内容を分析した結果、子どもや親が活動に満足して過ごす姿を楽しいと感じた学生は、A群50人中に9人(18.00%)であるのに対してB群34人中には3人(8.82%)であった。

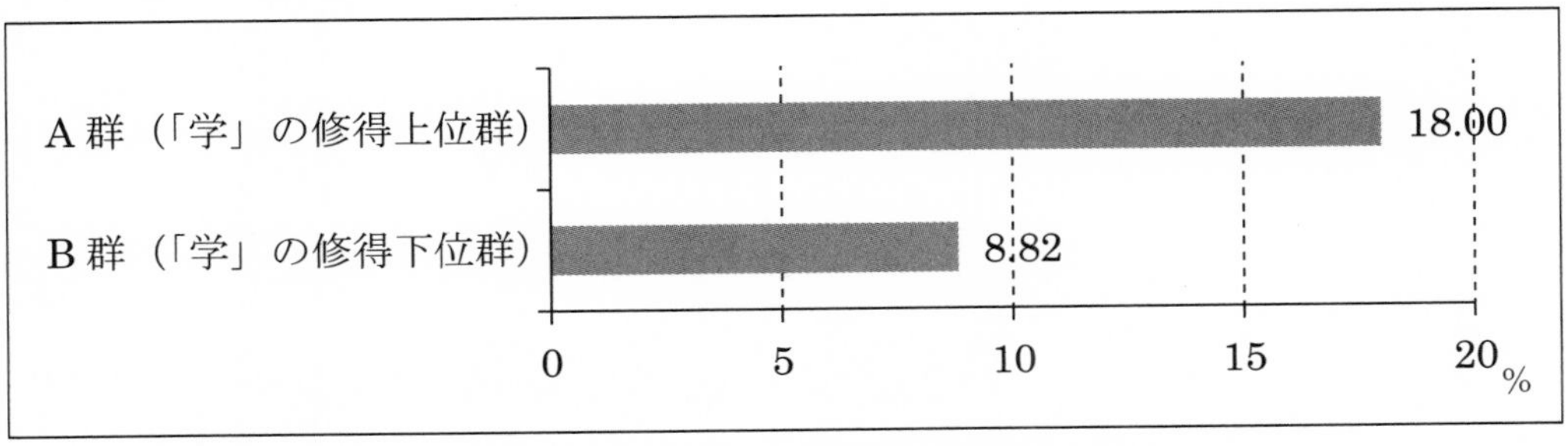

図３　「学」の修得の上・下位群の「喜」を得た割合

「喜」（他者の幸福を喜ぶ心）を得た学生は、「学」の修得上位群に多いことがわかる。

RQ 4）「『喜』（他者の幸福を喜ぶ心）を得た学生とそうでない学生では、次回への課題意識の強さに差があるだろうか」について

次回への課題意識を問う質問項目⑥「（イベント活動内容に対して）新たな課題が見つかった」と⑦「（イベント前後の交流時間も含めて）新たな課題が見つかった」の合計10点満点（各５点満点×２項目）中、「喜」を得た学生Ａ群の平均点は9.25点で、そうでない学生Ｂ群の平均点は8.96点である。t 検定の結果、「新たな課題が見つかった」という項目に関しては、「喜」の心を得た学生Ａ群と、そうでない学生Ｂ群の平均点には有意差が認められなかった。

このことから、「喜」の心を得るかどうかは、新たな課題を見つけさせることには影響しないと考えられる。

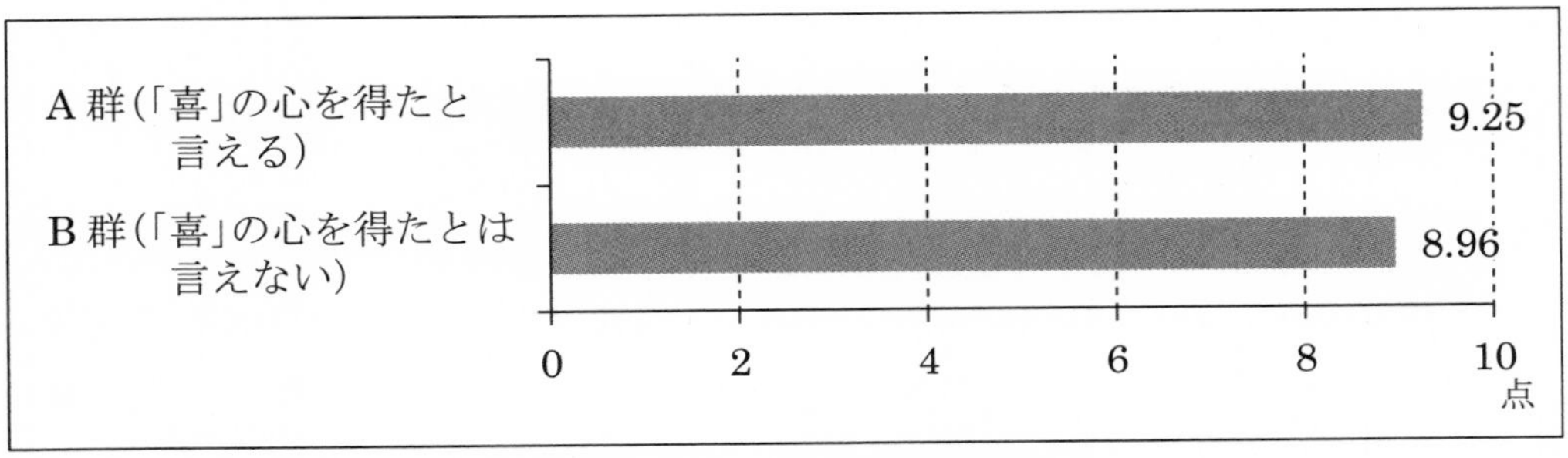

図４　「喜」の心と次回への課題意識

（t=0.689, df=82, ns）

しかしながら、Ａ群とＢ群の自由記述の記述内容と比べると、Ａ群の「喜」の心を得た学生12人中で次回への課題について具体的記述があった学生は９人

（75.00％）いたのに対して、B群の学生72人中で次回への具体的課題を記述した学生は８人（11.11%）にとどまっている。

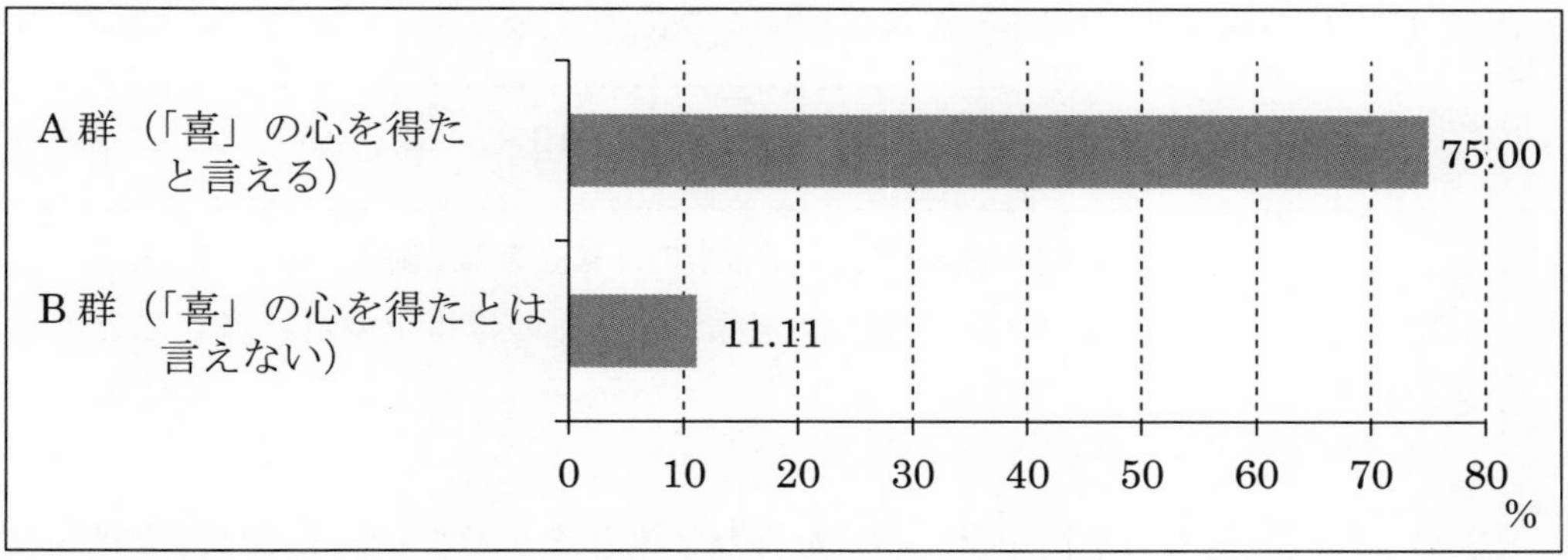

図５　「喜」の心と次回への課題を明確化した学生数の割合

次回への課題が具体的に記述されていた例を以下に示す。

・事前にもっと読む練習の回数を多くする。
・先輩のように、子どもたちへの活動の仕方をわかりやすく堂々と説明できるようにする。
・子どもたちの活動の終了のさせ方を工夫する。
・緊張し過ぎずリラックスして子どもたちの前に立つ練習をする。
・小さな子どもにとって危ない場所があったので、子どもの視線で細かいところまで安全な環境に配慮する必要がある。
・事前の活動準備が十分でなかった。イベント当日までの計画をしっかり立てるようにする。
・造形活動で飽きてしまう子どもがいたため、年齢にあった活動内容にするなど工夫が必要である。

これらの例から読み取れるように、「喜」を得た学生は、次回への課題を明確に記し、次回の実践に向けて「学」の意欲を高めていることがわかる。「行」において他者の喜びを自分の喜びと感じる「喜」の感覚を体感することで、「学」への意欲向上がなされ、「行」と「学」の二道は力強く推進されることになると考えられる。学生の「行学二道」においては、「行」と「学」は往還するものではなく、「喜」が加わることで「行」「学」「喜」の循環が出現すると言える。

RQ 5)「『喜』を得た学生とそうでない学生では、他者とのかかわりを重視する点において違いがあるだろうか」について

4年間の学修の集大成となる卒業論文抄録集を分析対象とする。「喜」を得た学生A群12人中、卒業論文を提出した10人の抄録と、「喜」を得たとは言えない学生B群9人のうち卒業論文を提出した7人の抄録の内容分析を行った（人数は実人数である)。そして、他者とのかかわりの視点を明らかにするために、他者への関与を示す「○○（のため）に」、「○○にとって」、「役立ちたい」の3つの語句に着目し、抄録内にいずれかの語句を記述している人数を比較した。結果は、以下のとおりである。

表6 「喜」の心と抄録で3つの語句を使用した学生数

	出現語句「○○（のため）に」	出現語句「○○にとって」	出現語句「役立ちたい」	合計
A群（「喜」の心を得た学生）12人	5人	1人	1人	7人
B群（「喜」の心を得たとはいえない学生）7人	0人	0人	0人	0人

また、A群の卒業論文抄録に記述された文章の中から該当部分を以下に示す（傍線は筆者による)。

・子どもに（外）遊びの醍醐味を知って欲しい。
・子どもに自分の気持ちを作品に込めて表現する一つの手段として折り紙を折っていってもらいたい。
・より多くの親や子ども達に（わらべ歌を）伝えていく役割を担っていきたい。
・一人でも多くの子ども達に（紙芝居の楽しさを）体験してほしい。
・子どもの描画活動の持つ意義や、色彩豊かな表現の方法を理解して子どもの保育に臨みたい。
・子どもにとっては宝物を見つけたような興奮・魅力があるのではないかと感じ、もっとたくさんのしかけを使った絵本を制作してみたいと思った。（中略）親子の読み合いの場の手助けとして普及していくことを願い、第二、第三のしかけ絵本の制作に挑戦したい。
・（手遊び歌を通して）親と子どもの信頼関係をより良く築くことやコミュニケーションの促進に役立ちたい。

以上、A群7人の卒業論文の抄録には他者への積極的関与を目指す言葉が明記されている。さらに、これらの学生の抄録にはそれらに留まらず、以下に示す通り

他者のために役立ちたい、具体的には「人に○○してもらえるように、自分が○○する」という行動への意志を示す記述が続く。

・「子どもに（外）遊びの醍醐味を知って欲しい。」そこで、「子どもに伝承することが目的で伝承凧の調査と制作を行う。」

・「子どもに自分の気持ちを作品に込めて表現する一つの手段として折り紙を折っていってもらいたい。」そのために「保育における折り紙活動の意義について学び、子どもに折りやすい作品作りを意識した新たな折り作品の製作を行う。」

・「（親子の愛着形成に役立つわらべ歌を）より多くの親や子ども達に伝えていく役割を担っていきたい。」そのために、「わらべ歌を調査し、指導法を提案したい。」

・「（読み手と掛け合いのできる紙芝居を）一人でも多くの子ども達に体験してほしい。」そこで、「参加型の紙芝居を制作する。」

・「（手遊び歌を通して）親と子どもの信頼関係をより良く築くことやコミュニケーションの促進に役立ちたい。」そのために、「スキンシップ促進型の手遊び歌を創作する。」

・「（子どもが楽しく描画活動を行えるように）子どもの描画活動の持つ意義や、色彩豊かな表現の方法を理解して子どもの保育に臨みたい。」

・「しかけ絵本は子どもにとっては宝物を見つけたような興奮・魅力があるのではないかと感じている。」そのために「（子どもが喜ぶように）たくさんのしかけを使った絵本を制作したい。」

このように「喜」を得たA群の学生たちは卒業論文において、子どもたちや親子に役立てるために伝承凧や参加型紙芝居の調査を行い、それらの制作技術を身に付けようとしている。さらに、子どもたちに楽しんでもらえるように、あるいは子どもの成長に役立てることができるようにわらべ歌や手遊び歌の習得と指導法の提案を行っている。つまり、4年次には、他者の役に立つ具体的な技術や理論を修得しようとしていることがわかる。

これに対して、「喜」の循環を得たとはいえないB群の学生7人の抄録には、具体的な対象を想定して、その人のために力を尽くす行動への意思を示す記述は見られなかった。例えば、

・この歌をとおして一人でも多くの人と生き生きとしたやりとりを行いたい。

・周囲の繋がりを大切にし、子どもたちを身近で見守りながら、地域一体で子育てをしていく必要があると考えられる。

あるいは、B群の学生の記述には「好まれる絵本の絵の特徴を考察する」や「(一般化された）保育士の役割を明らかにする」などと、自分の研究を他者のために役立てたいと考える具体的対象が言及されていない。

以上のことから、「喜」を得た学生は、そうでない学生と比べて、人のために役立ちたい、すなわち「布施」[12]の意識を育んでいると言ってよいだろう。「布施」とは、「他に与えること」、さらに「感謝や喜びの心情から表れる自主的行為である」とも記されている。卒業論文の研究課題は、当然、学生自らの課題意識に基づき自主的に決められている。実践において親子の喜びを我が事のように喜ばしく体感する体験は、その後、内発的に人のために役立とうとする意識を芽生えさせると考えられる。

2．4　考察

「行学二道」の精神を学生の子育て支援活動に則して考察することで、次の６点が想定された。

(1) 保育の知識・技術（「学」）の修得は、親子との積極的な交流・実践（「行」）のために必要であり、「学」のないところに積極的な実践（「行」）はおこりえない。

(2) 保育技術（「学」）の修得と親子との積極的な実践（「行」）の両方が学生の自信向上に寄与する。

(3) 実践（「行」）において、人の喜ぶ様子に楽しさを感じた学生、すなわち「喜」

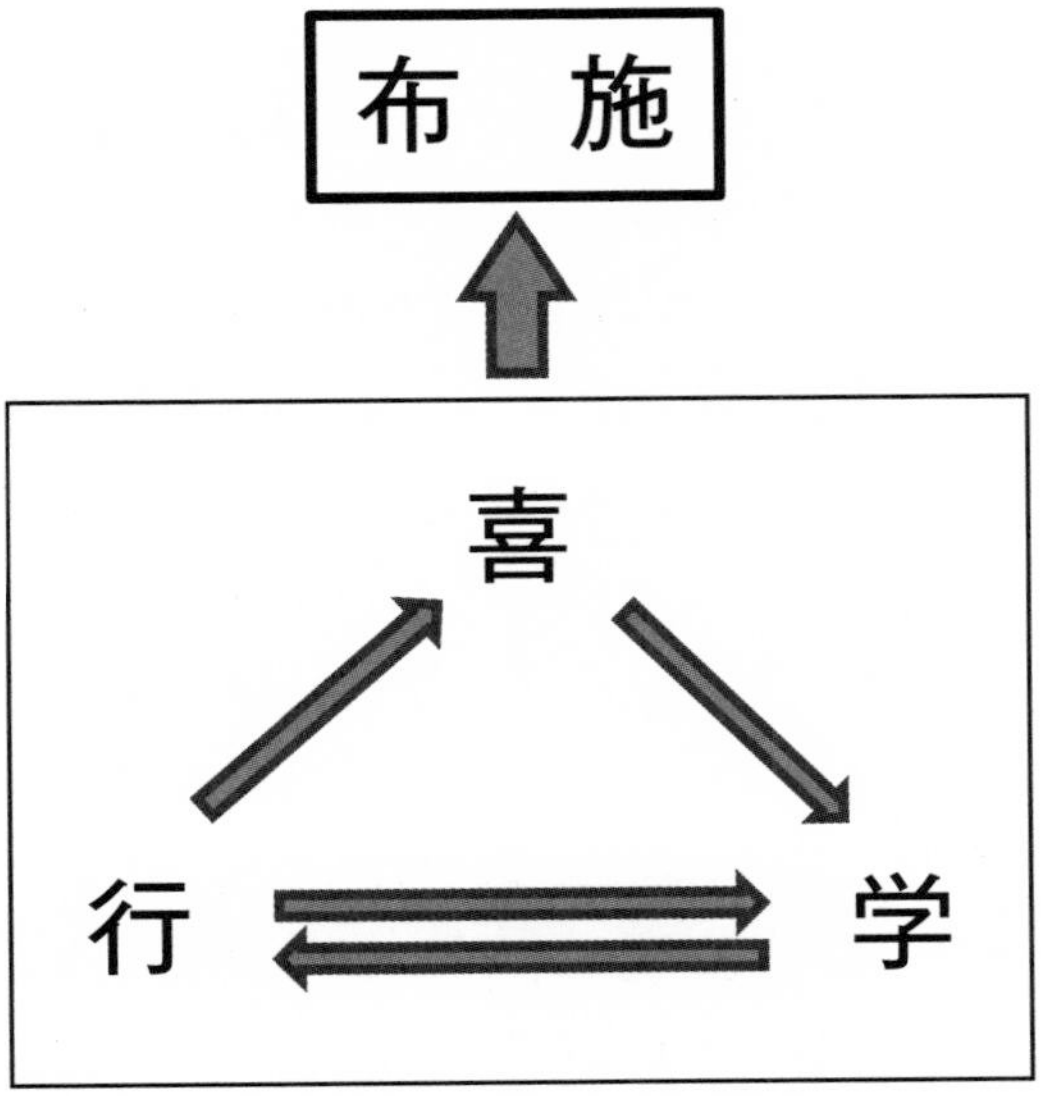

図６「行学二道」の精神

の心を得た学生は、保育に関する知識・技術（「学」）の修得の上位群に多い。

(4)「行」において「喜」を得た学生ほど、次回への課題を明確に詳述している。つまり、学生の「行学二道」は「喜」を得ることで、「行」－「喜」－「学」の循環を力強く推進する。

(5)「喜」を得ることで、学生は「人のために役立ちたい。そのための具体的方法を得たい」という意識を芽生えさせる。「行学二道」によって「喜」を得ることは、学生の「布施」の意識を喚起させる。

以上から、「行学二道」の精神は、現代語化して実践に基づいて分析することで、図6のように可視化できると考えられる。

おわりに

本論では、「行学二道」に焦点を当て、本学での解釈に基づき学生の子育て支援活動という具体的事象に即した考察、すなわち現代語化することによって、「行」と「学」の関連性を明らかにし、新たな気づきを得ることができた。

新たな気づきとは、学生の「行学二道」は「喜」を得ることで力強く循環する。そして、「行学二道」によって「喜」を得ることは、学生の「布施」の喚起につながると考えられる。長上（2014: 27-28）は、「仏教社会福祉実践を直接的に担う人々が実践の思想的基盤である仏教的人間観や仏教生命観、そこに底通する縁起観を学ぶことが不可決」と述べている。将来、実践者を志す学生たちにとってはこれらを理論として学ぶだけではなく、行学二道によって「喜」や「布施」の意識を体感したことの意義は大きい。

本学の「行学二道」が、現代の大学教育においても重要視される教育理念と共通点が多いことは先に述べたとおりである。しかし、その教育理念でさえ、実践と理論の往還に評価を加えるPDCAサイクルの必要性を指摘するにとどまるのに対し、学生の子育て支援活動から明らかにされたことは、実践と理論の往還に「喜」、すなわち人の喜びを自分の喜びとして感じる実体験を加えることの重要性である。理論を学修して実践に臨むことで「喜」の感覚が得られ、「喜」を得た学生は人のために何かを行う具体的方法や技術を持とうとする。つまり社会貢献への萌芽をみることができるのである。

社会が大きな転換期を迎えている現代、教育の在り方にもまた転換が求められている。それは、「知るための学び」ではなく、「他者とともに生きる社会を創るための学び」への転換である。「行学二道」は、本学においては古くから大切にされてきた仏教用語であると同時に、現代においても重要な教育理念と言えよう。

注

1) 本論における「現代語化」とは、池上（2018）に基づき「単なる翻訳作業を意味するのではなく、日常の営みに耐えられる言語、もしくは、活動」を意味する。

2) 本論では、身延山大学建学の精神に示された解釈をもとに、「行学二道」を子育て支援活動に即して現代語化を試みることにする。その建学の精神とは、「日蓮聖人の立正安国の精神に則り、健全なる社会人として、広い視野 に立った専門教育を施し、学術の理論及び応用を教授して、社会のために身を以て尽くすことの出来る人間の養成」である。この建学の精神から教育の３本柱、「給仕」「行学二道」「社会貢献」が導かれている。つまり、建学の精神から求められる社会人を養成するための方法として、「給仕（社会に対する奉仕・貢献）」の理念のもとに「行学二道」によって「社会貢献」できる人間養成（をする教育実践）を行っている。ここで示す「行（法）」とは、僧侶の厳しい修行と捉えるのではなく、「他者の心身を救済する実践」という言葉で換言される。学問による裏打ちをもって、他者の心身を救済する実践方法を構築していくことが身延山大学での「行学二道」である。

3) 文科省用語集p.38
www.mext.go.jp/component/b_menu/shingi/toushin/__icsFiles/afieldfile/2012/10/04/1325048_3.pdf　2018年９月20日閲覧

4) 記載データを統計的に分析するためにテキストマイニングソフトウェアKH Coder（Ver.3）を用いてデータ分析を行った。テキストマイニングとは文字情報を整理するのに使われる技術で、文章を単語単位にばらして、名詞や動詞など品詞ごとに分類する手法である。「抽出語リスト」、「階層的クラスター分析」、「共起ネットワーク」、「対応分析」の４つの分析結果を比較的容易に得られる。今回の分析には、自由記述欄に記載された語を出現回数の多い順に並べる「抽出語リスト」のみを用いた。

5) 平成27年度国勢調査によると、身延町は、年齢別人口の構成比が、０歳から14歳までが6.9%、15歳から64歳までが50.1%、65歳以上が43.0%である。

6) 花原幹夫『保育内容表現』北大路書房（2012）をもとに筆者が要点をまとめたものである。

7) 平成30年度身延山大学第９回定例教授会（平成31年１月９日開催）審議案件第４項において審議され承認された。

8) 「保育に関する技術」とは、演習科目の学修に留まらず、技術すなわち関わりの基盤となる仏教、福祉、心理、養護などの講義科目の学修を含む援助方法全般を指す。具体例としては、カウンセリングマインドに基づく受容的な支援技術等を指している。

9) 単語ごとに表示されているスコアの大きさは、与えられた文書の中でその単語がどれだけ特徴的であるかを表している。通常はその単語の出現回数が多いほどスコアが高くな

るが、「言う」や「思う」などどのような文脈にも現れる単語についてはスコアは低めになる。

10)「自分が楽しい」群の学生の自由記述には、一例として「今回は、前よりも自分自身が楽しめた」との記述があり、「人の喜ぶ様子に楽しさを感じる」群の学生には「パラバルーンをしているときは、親も『楽しい！』と言いながらしている人もいたのでよかった。家ではできないことをすると親子で喜んでくれる。私も楽しかった。」という記述がある。

11)『仏教社会福祉辞典』p.142には、「喜」とは「他者の幸福を喜ぶこと」と記されている。

12) 同掲書（10）p.262には、「布施」とは「他に与えること」と定義されており、さらに「布施は、感謝や喜びの心情から表れる自主的行為である」とも記されている。

参考文献

・池上要靖,「仏教福祉の理論から実践への条件」,『日本佛教學會年報第81号』,（2018）

・長上深雪,「仏教社会福祉とは何か」,『仏教社会福祉入門』, 日本仏教社会福祉学会, 法蔵館,（2014）

・日本仏教社会福祉学会,『仏教社会福祉入門』, 法蔵館,（2014）

・日本仏教社会福祉学会,『仏教社会福祉辞典』, 法蔵館,（2006）

Examining the Contemporary Significance of *"Gyougaku Nido"* through the students' support to families raising children

ITO Kumi (Minobusan University)

Abstract

This study tries to translate the spirit of *"Gyougaku Nido"* in modern language for students who support families in raising their children. The contemporary significance of *"Gyougaku Nido"* is discussed. Reflections written by the students and the compendium of their graduation papers are used to analyze the subject. The following five hypotheses are generated through the analysis of relevancy of *Gyou* (practice) and *Gaku* (academy): 1) *Gyou* never happens where the students don't cultivate *Gaku*; 2) cultivation of both *Gaku* and active interaction (*Gyou*) between the students and participants help the students increase their self-esteem; 3) the students who appreciate participants' enjoyment mainly belong to the top group of *Gaku*; 4) through *Ki*, the students' *"Gyougaku Nido"* circulates powerfully; and 5) the students' consciousness for *Fuse* is evoked if they get *Ki* through *"Gyougaku Nido"*. The spirit of *"Gyougaku Nido"* must be regarded as an important education philosophy in present-day circumstances where the transfer of learning for knowledge to learning to create a convivial society, is required.

Key word :
Gyougaku Nido, translation in a modern language, support to families raising children, *Ki* (delight), *Fuse* (giving)

〔図書紹介〕

宮城洋一郎著
『日本古代仏教の福祉思想と実践』

（岩田書院．2018年11月）

龍谷大学　**長崎　陽子**

著者である宮城洋一郎氏は、古代から近代まで日本仏教史における福祉事業、日本仏教をになった人物の福祉思想について、これまで秀逸な成果を果たしてこられた。

この著作は、仏教史学者宮城氏の原点にして頂点とも言えるだろう。氏は、日本古代仏教史・行基研究から、永い研究の道のりを歩みはじめられたからである。

古代における仏教福祉の事業や思想については、これまでも守屋茂氏や吉田久一氏、池田敬正氏などをはじめとした先学者も述べるところであった。宮城氏は、諸氏の見解を踏まえ、どうじに、中垣昌美氏、高石史人氏の「仏教徒による救済を安易に社会福祉的行為と結びつけることへの注意喚起」を念頭におきつつ、長谷川匡俊氏が提言された「人間観、社会観、援助観、実践の主体的契機」を手がかりとしながら、古代の緇素の人々の福祉思想と社会実践について詳細な検討をしている。さらには「憲法十七条」、『日本書紀』にこめられた福祉思想にスポットをあてている。

憲法十七条は、第二条「三宝を篤く敬え」に示されるように、仏教信仰の表明とともに、国家、官人、民への配慮が示されている。ここから人間観、ひいては平等観が太子信仰をもとに展開されていることを述べている。憲法十七条に関しては、チベットに仏教を導入したソンツェン・ガムポ王が制定した憲法十六条との内容（参考：ロラン・デエ著今枝由郎訳『チベット史』春秋社、2005年、45～47頁）の共通性が示唆されることもあり、仏教信仰に基づく国家観や人間観を知る上で興味深い史料なのである。

また、『日本書紀』に関しては、障がい者排除から受容に転換する過程を、先行研究を紹介しつつ、太子信仰の影響による受容を示唆する。これは、貴重な指摘であろう。

次に、検討されている緇素の人々は、行基、光明皇后、最澄、空海である。いずれも、歴史上、救済事業を実践していった人物としてよく知られるが、視点を絞り込み丹念に検討をおこなうことはこれまでなされていなかった。

行基については、「行基集団における女性参加」として、歴史史料から多くの女性

が参加していることを見いだし、行基の社会活動に女性の労働参加が大きく貢献していることをあきらかにする。

光明皇后については、光明皇后の福祉事業の立脚点が「福田思想」にあることをふまえながら、「国家珍宝帳」「種々薬帳」の内容から、光明皇后個人の仏教信仰にもとづく強い社会の安寧と衆生救済を願うすがたを示している。

また、光明皇后が設立した施薬院と悲田院の関係を説き、「施薬」を通して「悲田」を実践していったことをあきらかにした。この光明皇后の福祉思想と事業に関する論攷は、平成14年から毎年開催されている学術シンポジウム「ザ・グレードブッダ・シンポジウム（以下 GPS）」第９回（2010年）において、光明皇后の福祉事業の現地である東大寺において口述発表され、GPS 編集委員会編『光明皇后　―奈良時代の福祉と文化―』（GPS 論集第９号、2011年12月）に上梓された研究が基となっている意義深いものである。

また、最澄に関しては、叡山天台宗において学生を養成するための法式、天台宗の菩薩の意義と自覚、天台宗の独立性を著した『山家学生式』（「六条式」「八条式」「四条式」の三部）をそれぞれ詳細に検討し、最澄の福祉思想の立脚点として、慈悲観、「真俗一貫」の論理を示す。

空海は、満濃池修復といった社会活動が知られるが、庶民も学べる総合教育の場であった綜芸種智院に焦点を絞り、「綜芸種智院并序」から、創設の意図や教育観、衆生済度の姿勢を明らかにする。また、宗芸種智院の創設から廃絶、伝法会にいたる道筋を、先行研究をおさえながら、空海の人間観、密教の「菩提心を因と為し、大悲を根と為し、方便を究竟と為す（『大日経』住心品）」を背景とした空海の救済姿勢をあかしている。

この書は、どの時代にも通底する生老病死や災禍における人々の苦しみに対して、古代における救済の様相、看過されがちだった古代日本の宗教者の人間観や援助観にもとづく福祉思想や実践を、的確な史料検討のもと、あざやかに照らし出している。

〔図書紹介〕

大谷　栄一編
『ともに生きる仏教――お寺の社会活動最前線』

（筑摩書房．2019年４月）

大正大学　**鷲見　宗信**

本書はタイトルにあるとおりお寺が社会に関わることの意義、お寺の社会活動について７つの事例が紹介されている。編者の大谷栄一氏は近代仏教研究から近現代日本の「宗教と社会」「宗教と政治」等について研究テーマとされている。

本書において指摘されているが、仏教が非難の意味も込めた葬式仏教と揶揄されるのは明治時代から見られることである。現在の若手僧侶と接すると今後の寺院運営について悩む姿をよく見かける。またご住職の中でも次代につなぐという事に対して同じように悩まれる姿が見られる。最近では「墓じまい」などの言葉に表されるように、先祖祭祀を中心とした寺檀関係の成立が難しい現状もある。僧侶として・寺院運営者として何を考え、どのように行動することが出来るのかを模索している方も多いと思われる。そのような中で本書は寺院の公益性についての整理、またその表れとしての社会活動の事例についてまとめられたものであり、今後興味を持つ方が現代仏教について学びを深められるよう様々な本の紹介が掲載されており、このテーマの入門者に対しての配慮がなされている。ただし掲載事例については、浄土宗系の事例が多くなっている。

仏教・寺院を取り巻く現状について、本書では先行研究を元に2000年以降、または東日本大震災以降変化が見られると指摘している。指摘される変化は公共空間への仏教の主体的・能動的参加である。この変化の中で「その中で宗教（仏教）の公共性・公益性が議論され『日本仏教の公共的機能』が問われてきているのである。」（本書P.36）と指摘している。

では、本書ではその公共性並びに、その公共性を表す活動としての社会活動について次のようにまとめられている。宗教法人の公益性について「一般の不特定多数の人たちのニーズとその精神的なニーズに応答し、「寺を開く」ということが、寺院の公益性であり、公共性であるという事になる。」（本書 P.43）、また「地域社会の中で仏教者」と指摘している。また仏教の社会活動について「仏教者、仏教団体、寺院が仏

教の教え・思想や信仰にもとづき、社会問題の解決や人々の生活の質の維持・向上を図る活動」（本書 P.36）と定義されている。

公益性の中で出てきた「寺を開く」、つまり従来の寺檀関係だけの枠組みで活動するのではなく、「地域社会の中で仏教者（僧侶や寺族）たちが檀家ならびに檀家以外の住民とともに地域ガバナンスに参与し公共的機能を果たすことで、寺院の公共性・公益性が発揮されるのではなかろうか」（本書 P.44）と指摘している。つまり従来の先祖祭祀だけでなく地域の中での活動が、寺院の持つ力を新たに発揮させる事を指摘している。本書ではそれをアップデートと表現するが、本書の事例の中で共通する要素、「ともにある」を実践することがそのアップデートに当たると指摘している。

７つの各事例は、貧困や子育て支援、病院ボランティア、グリーフケア、寺院の活用など幅広い活動が掲載されている。そこでは活動を行う方々の思いや取り組みの経緯、活動の内容が報告されている。本書を読むことで活動の土台となる教えの理解と社会活動実践との整理を行うことが出来る点で本書は貴重な一冊である。

『日本仏教社会福祉学会年報』既刊号総目次

〔第40号〕平成21年刊

〔第39号〕平成20年刊

〔第42回大会公開シンポジウム〕
仏教の社会的実践・その現代的課題　シンポジスト　水谷たかし
—仏教・医療・福祉の接点—　田畑　正久
奈倉　道隆
コーディネーター　田代　俊孝

〔研究論文〕
セツルメント光徳寺善隣館の再評価—佐伯祐正の人間関係を中心として—　小笠原慶彰
〔海外情報〕
慈済会について　川村　伸寛
〔日本仏教社会福祉学会第42回大会記録〕
〔事務局報告〕〔役員名簿〕〔編集後記〕〔会則・理事会規程〕〔既刊号総目次・投稿規程〕
〔実践報告〕
老人デイサービス利用者への仏教介護的な相談・助言に関する試論　佐伯　典彦
終末介護期における認知症高齢者へのケアの在り方　伊東眞理子
〔研究ノート〕
社会参加する仏教—原始仏教経典をケーススタディとして—　池上　要靖
〔研究論文〕
“ブッダ最後の旅”に見る仏教的ケアの在り方　玉井　威
赤ん坊の研究—乳児福祉の根本問題—　金子　保

〔第38号〕平成19年刊
〔第41回大会公開講演〕
出世間道と菩薩道—仏教から見る人間と社会—　小山　一行
〔第41回大会公開シンポジウム〕
人権・社会問題と仏教社会福祉　シンポジスト　金剌　潤平
寺本　是精
近藤　祐昭
コーディネーター　菊池　正治

〔日本仏教社会福祉学会第41回大会記録〕
〔事務局報告〕〔役員名簿〕〔編集後記〕〔会則・理事会規程〕〔既刊号総目次・投稿規程〕
〔調査報告〕
浄土宗寺院と住職の社会福祉に関する活動と意識についての一考察　鷲見　宗信
〔研究論文〕
心の象徴と心の哲学的均衡点—福祉実践の哲学的方法論—　藤田　和正
聞名に開かれる共同体—真宗における健常者と障害者との共生の視座—　頼尊　恒信

〔日本仏教社会福祉学会第39回大会記録〕
〔事務局報告〕〔役員名簿〕〔編集後記〕〔会則・理事会規程〕〔既刊号総目次・投稿規程〕
〔特別報告〕
アジアの仏教徒と協同して始まった社会事業　小野　正遠
国を超えたいチャレンジワーク―アジア諸国に絵本を届けよう―　井手　友子
吉川　眞浩
金田　寿世
渡邊　智明
矢吹　和子
瀬川　惠子
石川　到覚
仏教的スピリチュアルケアの動向―タイと日本を事例にして―　浦崎　雅代
〔海外情報〕
スリランカの難民子弟救援の仏教寺院　小野　文珖
〔研究論文〕
仏教者の福祉活動再考―初期経典に見るサンガの活動―　池上　要靖
仏教とハンセン病―『妙法蓮華経』における「癩」字をめぐる一考察―　奥田　正叡

〔第35号〕平成16年刊
〔第38回大会公開講演〕
地域福祉における仏教者の役割を考える　志田　利
〔第38回大会公開シンポジウム〕
地域福祉における仏教者の役割を考える　シンポジスト　石川　到覚
谷山　洋三
横山　義弘
志田　利
コーディネーター　池上　要靖
〔追悼文〕
仏教（真宗）カウンセリングを先駆けた西光義敞師逝く　中垣　昌美
〔研究ノート〕
壬生台舜と浅草寺福祉会館　金田　寿世
若林　清美
壬生　真康
石川　到覚
古義真言宗の近代社会事業史概観　北川　真寛
〔日本仏教社会福祉学会第38回大会記録〕
〔事務局報告〕〔役員名簿〕〔編集後記〕〔会則・理事会規程〕〔既刊号総目次・投稿規程〕

〔実践報告〕
浅草寺福祉会館における思春期への取り組み　金田　寿世
—スクールソーシャルワーク実践の試み—　渡辺　智明
石川　到覚
壬生　真康
〔研究ノート〕
仏教と精神保健福祉に関する研究　熊澤　利和
—家族の位置づけをめぐって—
介護サービス提供と仏教介護—介護実践の立場から—　佐伯　典彦
〔事務局報告〕〔会則・理事会規程〕〔会員名簿〕〔編集後記〕

〔第31号〕平成12年刊

〔公開講演〕
今、宗教福祉に問われるもの　阿部　志郎
〔公開シンポジウム〕
戦後日本の仏教系社会福祉事業の歩みと展望　シンポジスト　宮城洋一郎
落合　崇志
梅原　基雄
清水　海隆
コーディネーター　長谷川匡俊
〔研究論文〕
戦後の部落問題と仏教　近藤　祐昭
〔調査報告〕
寺院地域福祉活動の現状と可能性　小笠原慶彰
—本願寺派教団単位地域ブロック委員の意識調査を踏まえて—　中垣　昌美
〔研究ノート〕
浄土教福祉論の思想的問題　鈴木　善鳳
〔事務局報告〕〔会則・理事会規程〕〔会員名簿〕〔編集後記〕

〔第30号〕平成11年刊

〔公開講演〕
臨終と福祉—仏教とターミナル・ケアー—　庵谷　行亨
〔公開シンポジウム〕
臨終と福祉　シンポジスト　庵谷　行亨
柴田　寛彦
金　　貞鏞
コメンテーター　水谷　幸正

〔第29号〕平成10年刊

〔第28号〕平成９年刊

〔第27号〕平成９年刊

仏教婦人会活動と社会事業　中垣　昌美
—浄土真宗本願寺派の仏教婦人会を手がかりに—　徳広　圭子

〔活動報告〕

アーユス（仏教国際協力ネットワーク）の活動について　水谷　浩志

〔事務局報告〕〔会則・理事会規程〕〔会員名簿〕〔編集後記〕

〔第26号〕平成７年刊

〔公開講演〕

空也上人の生涯と思想　川崎　龍性

〔公開シンポジウム〕

仏教福祉と国際家族年　演者　安部　行照
岩見　恭子
中垣　昌美
司会　菊池　正治

〔研究論文〕

パーリ仏教における慈悲　柏原　信行

慈悲考—原始仏教に見られる福祉思想の原点—　谷山　洋三

大正期仏教免囚保護事業の動向　村井　龍治
滝村　雅人

現代僧侶の福祉意識　清水　海隆

鹿児島県の過疎問題と仏教福祉　桂　泰三

〔研究ノート〕

空海の密教における福祉理念—『大日経』を題材として—　湯通堂法姫

〔事務局報告〕〔会則・理事会規程〕〔会員名簿〕〔編集後記〕

〔第25号〕平成６年刊

〔公開講演〕

大西良慶和上の人となりと社会奉仕　森　清範

〔公開シンポジウム〕

日本における仏教福祉の原点を探る　演者　中井　真孝
宮城洋一郎
西光　義敞
助言者　中垣　昌美
北元　昭性
司会　池田　敬正

〔研究論文〕

仏教護国団と京都養老院の設立　池田　敬正

〔第23号〕平成４年刊

〔公開講演〕

人生は間取りよく　関山　和夫

〔公開シンポジウム〕

社会福祉実践における宗教の役割　演者　池田　敬正
岡田藤太郎
生駒　孝彰
司会　林　　信明

〔研究論文〕

韓国仏教社会福祉の課題と展望　慎　　爕重

仏教倫理と現代社会　水谷　幸正

黄衣のソーシャルワーカー―スリランカの仏教福祉事例―　上田　千秋

ターミナル・ケアと仏教福祉―その二―　田宮　　仁

〔研究ノート〕

学生相談にみる福祉課題の諸相　佐賀枝夏文

〔施設紹介〕

京都文教短期大学付属家政城陽幼稚園　安藤　和彦

〔海外情報〕

アメリカ西海岸の仏教グループとエイズ・プロジェクト　島崎　義孝

〔事務局報告〕〔会則・理事会規程〕〔会員名簿〕〔編集後記〕

〔第22号〕平成３年刊

〔公開講演〕

仏教と福祉　武邑　尚邦

〔公開シンポジウム〕

老人福祉と仏教　演者　上田　千秋
前田甲子郎
武邑　尚邦
司会　宇治谷義雄

〔研究論文〕

重源の社会的実践について　宮城洋一郎

聖ヴァンサン・ド・ポールの信仰と救済　林　　信明

『浄土教報』等にみる「社会事業」展開の一考察
―とくに大正期について―　硯川　眞旬

ターミナル・ケアと仏教福祉―その一―　田宮　　仁

〔第19号〕昭和63年刊

〔学会だより〕
事務局報告、会則・理事会規程、会員名簿、編集後記

〔第16号〕昭和60年刊

〔第19回大会公開講演〕

現代における福祉問題の焦点 —社会福祉に対する基本的な疑問—	林 霊法

〔論文〕

社会福祉の危機と仏教福祉—基礎福祉と社会的連帯を追う—	守屋 茂
近代における本願寺教団と社会事業	中垣 昌美 長上 深雪
寺院の援助相談（その三）—中心的教本とその活用について—	佐藤 光兆
ソーシャルワークにおける仏教理念の活用 —ソーシャルワーク実践試論—	桑原 洋子 吉元 信行 東 一英

〔学会だより〕
事務局報告、会則・理事会規程、会員名簿、編集後記

〔第15号〕昭和59年刊

〔第18回大会公開講演〕

菩薩について	真野 龍海

〔論文〕

宗教大学社会事業研究室の開室をめぐって	落合 崇志 石川 到覚
武内了温にみる社会事業観	菊池 正治
寺院の援助相談（その二） —感情誘因性妄想様思考の来談者について—	佐藤 光兆
老人の終末への不安と仏教社会福祉—安楽死論議への疑問—	奈倉 道隆
ある生活保護受給老人の生活保障問題と寺院・地域社会 —東北の人口一万余の町の場合—	伊藤 秀一

〔学会だより〕
事業局報告、会則・理事会規程、会員名簿、編集後記

〔第14号〕昭和58年刊

〔第17回大会公開講演〕

仏教者の社会的役割	信楽 峻麿

〔論文〕

仏教と社会福祉の接点—前提条件についての試論— 田宮　仁
仏教者の「社会福祉」活動は今後も先駆性をもつか 佐々木元禧
—仏教徒方面委員活動から思いいたること—
仏教社会事業の再吟味 守屋　茂
—親鸞のいう浄土の慈悲を視点として—
障害者福祉と禅—禅門仮名法語からの考察— 池田　豊人
〔学会だより〕
会則、理事会規程、会員名簿、編集後記

〔第13号〕昭和57年刊
〔第16回大会公開講演〕
障害者への理解のために 掘　要
〔シンポジウム〕
障害者福祉における仏教者の立場 高石　史人
常盤　勝憲
寺嶋　久男
〔論文〕
盲人教育・福祉における仏教の役割 赤阪　一
—「慈眼視衆生」山本暁得と仏眼協会—
昭徳会における仏教福祉 宇治谷義雄
音楽を通した仏教福祉の実践 寺本　正範
寺院に於ける援助相談について 佐藤　光兆
国際障害者年と仏教教団 大橋　隆憲
〔学会記事〕

〔第12号〕昭和56年刊
〔シンポジウム〕
近代仏教と社会福祉—大乗仏教の立場から見る— 森永　松信
〔論文〕
仏教社会事業の課題 守屋　茂
—体験としての全人格的人間像を目指して—
近代仏教と社会福祉 芹川　博通
〔学会記事〕〔会員名簿〕

〔第11号〕昭和54年刊
〔論文〕
浄土真宗における社会福祉 宇治谷義雄

大乗仏教精神と社会福祉　森永　松信
仏教社会事業史一考―仏教教団と社会事業従事者養成―　菊池　正治
佐伯祐正にみる社会事業観　込谷　明
アメリカにおける社会福祉と仏教　西光　義敞
仏教における障害者観の一考察Ｉ　内海　正
　―主として概念及び原因論について―
時衆における四恩思想について　早坂　博
障害児教育・福祉開創の軌跡―近代京都の精神風土―　赤阪　一
あいりん地区の就労形態―手配師と公的あっせん―　釈　智徳

〔第9・10合併号〕昭和53年刊

〔論文〕
浄土教と社会福祉　奈倉　道隆
　奈倉　民子
四無量再考　村上　真完
作法に関する道元の説示と精神薄弱教育　内海　正
　―基本的生活習慣の教育的意義―
西光万吉における「親鸞」　近藤　祐昭
仏教社会事業の問題点　西山　廣宣
　―施設機関と宗教（仏教）との関係―
聖徳太子の慈悲観　望月　一憲
「自閉児の教育の方法」に関する考察　河添　邦俊
〔発表レジメ〕
長谷川良信の仏教社会事業について　長谷川匡俊
救療事業と真言律　広瀬　智一
一遍と非人の問題について　早坂　博
〔学会記事〕

〔第７・８合併号〕昭和50年刊

〔論叢〕
日本仏教社会事業への提言―風土と主体性を中心に―　上田　官治
老人が神仏に楽死を祈る流行　福原　蓮月
〔所感〕
年報特集号「仏教社会事業の基本問題」について　上田　官治
仏教社会事業の諸説を巡って　守屋　茂
〔学会記事〕〔消息〕

〔年報特集号〕『仏教社会事業の基本問題』昭和49年刊

仏教社会事業の現状と問題点	西光　義敞
大衆の福祉開発をめざして	福原　亮厳
核心としての精神的要素	道端　良秀
自他の価値づけと妥当の普遍化	森永　松信
内観的主体性の確立	西山　廣宣
仏教社会事業の論理	守屋　　茂

〔第６号〕昭和49年刊

〔論叢〕

平安時代の社会救済活動について	早坂　　博
仏教社会事業の将来に対する問題点	田岡　貫道
教団社会事業の特質	原田　克己
東北仏教社会事業の歴史的検討	田代国次郎
社会福祉の動向と仏教社会福祉事業	中田　幸子

〔学会記事〕

〔第４・５合併号〕昭和48年刊

〔論叢〕

社会生活と仏教社会福祉	森永　松信
イデオロギーと仏教社会福祉学 ―仏教と社会主義ということを中心に―	西山　廣宣
仏教社会事業考察の前提	清水　教恵
仏教社会事業の回顧と東北仏教社会福祉史の研究	田代国次郎
最澄の思想と社会事業	早坂　　博
佐伯祐正における仏教と社会事業	中下　公陽
社会福祉専門職集団における宗教とエトス	原田　克己

〔学会記事〕

〔第２・３合併号〕昭和46年刊

〔論叢〕

慈悲行の成立に関して	村上　真完
仏教福祉理念としての檀波羅蜜についての一試論 ―仏教改革の思想（二）―	西山　廣宣
明治期における仏教社会事業―近代仏教の形成と児童保護―	加藤　展博
聴くことの背景	松田　紹典
仏教社会事業と福祉国家論	原田　克己

仏教社会事業のねらい（究極するもの）　福井　豊信
仏教社会事業の基本的性格について―東洋的伝統を顧みて―　守屋　茂
仏教社会福祉論の成立基底　武田　忠
民間遊行僧の救済活動とその思想的背景　早坂　博
仏教社会福祉の基本的原理　森永　松信

〔第１号〕昭和44年刊

〔研究発表〕（要旨）

仏教慈悲思想―聖徳太子を中心として―　早坂　博
中国仏教社会福祉の問題点　道端　良秀
コミュニティーセンターとしての寺院の役割　北崎　耕堂
新興宗教の功罪と社会福祉　中村　康隆
仏教相談活動の問題点　西光　義敞

〔学会記事〕〔仏教社会事業関係文献目録〕〔学会会則〕〔会員等名簿〕

『日本仏教社会福祉学会年報』編集規程

2015年４月25日施行

（名称）

第１条　本誌は、日本仏教社会福祉学会の機関誌『日本仏教社会福祉学会年報』（Japanese Journal of Buddhist Social Welfare Studies）と称する。

（目的）

第２条　本誌は、原則として本学会年次大会報告および本学会会員の仏教社会福祉研究に関する発表にあてる。

（資格）

第３条　本誌に投稿する者は、共著者も含めて本学会会員の資格を得ていなければならない。

（発行）

第４条　本誌は、原則として１年１号を発行するものとする。

（内容）

第５条　本誌に、研究論文、研究ノート、実践報告、調査報告、海外情報、資料紹介、図書紹介、その他の各欄を設ける。

（編集）

第６条　本誌の編集は、日本仏教社会福祉学会会則第４条第３項および第７条の規定に基づき機関誌編集委員会が行う。

（編集委員会の役割）

第７条　編集委員会の役割は、「日本仏教社会福祉学会機関誌編集委員会規程」による。

（投稿要領）

第８条　投稿原稿は、「日本仏教社会福祉学会機関誌『日本仏教社会福祉学会年報』投稿要領」にしたがって作成するものとする。

（著作権）

第９条　本誌に掲載された著作物の著作権は、日本仏教社会福祉学会に帰属する。

（事務局）

第10条　編集事務局は、日本仏教社会福祉学会事務局に置く。

（規程の変更）

第11条　この規程を変更するときは、理事会の議を経なければならない。

附則

この規程は、2015年４月25日より施行する。

日本仏教社会福祉学会機関誌『日本仏教社会福祉学会年報』投稿要領

2015年４月25日施行

1．日本仏教社会福祉学会会則第７条および『日本仏教社会福祉学会年報』編集規程第２条に基づき、投稿者は共著者を含め、原則として投稿の時点で学会員資格を得ていなければならない。

2．投稿の種類は、研究論文、研究ノート、実践報告、調査報告、海外情報、資料紹介、図書紹介、その他とし、研究論文、研究ノート、実践報告、調査報告は、原則として本会会員による自由投稿とする。掲載ジャンルは編集委員会において決定する。

3．投稿する原稿は、未発表のものに限る。

4．投稿原稿は、１編ごとに独立、完結したものとして扱う。したがって、表題に「上・下」「１報・２報」「Ⅰ・Ⅱ」等をつけない。

5．投稿の締切りは、毎年１月末日とする。

6．投稿原稿は、図表・注・引用文献を含めて20,000字以内とする。図表は１点につき600字換算とするが、１ページ全体を使用する図表については1,600字換算とする。

7．投稿するにあたっては、以下を厳守する。

(1) 原則としてワードプロセッサー等で作成し、縦置き A4判用紙に印刷した原稿３部および原稿の内容を入力した電子媒体を日本仏教社会福祉学会事務局宛に送付する。３部の内、１部を正本、２部を副本とする。

(2) 副本の本文では、著者の氏名、所属、謝辞および著者を特定することのできるその他の事項をマスキング等の方法で伏せる。文献一覧等の表記でも、本人の著を「筆者著」「拙著」等とせず、筆者名による表記とする。

(3) 正本、副本とも３枚の表紙をつけ、本文にはタイトル（英文タイトル併記）のみを記載し、所属、氏名等個人を特定できる情報を記載しない。

(4) 正本の表紙１枚目には、①タイトル、②所属、③氏名（連名の場合は全員、ローマ字併記）、④連絡先を記入する。副本の表紙1枚目は、①タイトル以外は、マスキングする。

(5) 表紙の２　枚目には、和文抄録（400字以内）とキーワード（５語以内）を記載する。

(6) 表紙の３　枚目には、英文抄録（200字以内）と英文キーワード（５語以内）を記載する。

8．投稿された原稿および電子媒体は返却せず、２年間保存のうえ、廃棄する。

9．投稿原稿掲載の可否は、機関誌編集委員会が決定する。ただし、論文、研究ノートとして掲載される場合は、査読委員の審査に基づき機関紙編集委員会が決定する。したがって、「査読付」と明示できるのは、「論文」「研究ノート」として採用・掲載されたものに限る。

10．文章の形式は、口語体、常用漢字を用いた新仮名づかいを原則とする。注や引用の記述形式は、「日本社会福祉学会機関誌『社会福祉学』執筆要領〔引用法〕」を標準とする。ただ

し、他学会等で公認されている引用法による場合は、その引用法を明記するものとする。

11. 投稿原稿に利用したデータや事例等について、研究倫理上必要な手続きを経ていることを本文または注に明記する。また、記述においてプライバシー侵害がなされないように細心の注意をする。
12. 査読による修正の要請については、論文の修正箇所を明示し、対応の概要について編集委員会あてに回答する。また、査読に対する回答の必要がある場合も編集委員会あてに行う。
13. 査読を行わない論稿についても必要に応じて編集委員会より修正を求める。
14. 掲載決定通知後の最終原稿は次のとおり作成する。
    ① 本文・注・引用文献については、印字した原稿とWordまたはテキスト形式で保存した電子媒体を提出する。
    ② 図表は、本文とは別に１葉ごとにA4判にコピーして提出する。図表の挿入箇所は、本文に明記する。なお、特別の作図などが必要な場合には、自己負担を求める。
15. 自由投稿によって掲載された論稿については、抜き刷りを作成しない。その他の論稿については、編集委員会の判断による。
16. 投稿原稿の採否に関して不服がある場合には、文書にて委員会に申し立てることができる。また、委員会の対応に不服がある場合には、日本仏教社会福祉学会理事会に申し立てることができる。
17. 海外情報欄は仏教社会福祉実践およびその研究動向の紹介にあて、その依頼は委員会が行う。
18. 資料紹介、図書紹介欄は、国内外の仏教社会福祉研究に関する文献・史資料の紹介にあて、その依頼は委員会が行う。
19. 本要領の変更は、日本仏教社会福祉学会機関誌編集員会で検討し、理事会の議を経なければならない。

附則

1　この要領は、2015年４月25日から施行する。

日本仏教社会福祉学会機関誌編集委員会規程

2015年4月25日施行

（設置）

第１条　日本仏教社会福祉学会会則第４条第３項および第７条の規定に基づき機関誌編集委員会（以下「委員会」）をおく。

（任務）

第２条　委員会は、日本仏教社会福祉学会機関誌『日本仏教社会福祉学会年報』発行のため必要な編集・原稿依頼・投稿論文の審査・刊行などの事務を行う。

（構成）

第３条　委員会は、編集委員長および委員で構成される。

２　編集委員長には担当理事をもって充てる。

３　委員は編集委員長の推薦により、理事会の議に基づき、代表理事が委嘱する。

（任期）

第４条　委員長、委員の任期は３年とする。

２　ただし、再任は妨げない。

（委員会）

第５条　編集委員長は、原則として年１回、学会大会期間に合わせて委員会を招集する。

２　委員会は、機関誌編集および査読制度に関する基本事項について協議する。

３　委員会は、第２項に関わらず、必要に応じて電子通信等その他の手段を用いて適宜意見交換する。

（査読委員の委嘱）

第６条　投稿論文の審査のため、査読委員をおく。

２　査読委員は委員会の推薦に基づき、代表理事が委嘱する.

３　査読委員の任期は３年とする。

４　代表理事は委員会の推薦に基づき、特定の論文を審査するため臨時査読委員を委嘱することができる。

５　査読委員および臨時査読委員は、委員会の依頼により、投稿論文・研究ノートを審査し、その結果を委員会に報告する。

６　委員会は、査読委員の審査報告に基づいて、投稿論文・研究ノートの採否、修正指示等の措置を決定する。

（疑義・不服への対応）

第７条　委員会は、投稿者から査読内容もしくは採否決定に関して疑義・不服が申立てられた場合には、速やかに対応し回答する。なお、委員会の回答に疑義・不服がある場合、理

事会に申立てることができる。

（規程の変更）

第８条　この規程を変更するときは、理事会の議を経なければならない。

附則

1　この規程は、2015年４月25日より施行する。

2　委員の任期は、理事会の任期に同じとする。

日本仏教社会福祉学会会則

第一条（名称）本会は、日本仏教社会福祉学会（Japanese Association for Buddhist Social Welfare Studies）と称する。

第二条（事務局）本会の事務局は、代表理事の指定した地におく。

第三条（目的）本会は、仏教社会福祉に関する学術的研究及び仏教社会福祉事業の推進を目的とする。

第四条（事業）本会は、その目的を達成するため、次の事業を行う。

1　学術大会、講演会、研究会等の開催

2　仏教社会福祉関係の施設及びその従事者との連絡、発展普及のための事業

3　機関紙その他必要な刊行物の発行

4　その他、必要な事業

第五条（会員・会費）本会の会員は次の通りとし、所定の年会費を納めることとする。選挙権・被選挙権については別に定める。

1　個人会員　本会の趣旨に賛同する個人で、理事会の承認を経た者

1－1　一般会員　年会費8,000円

1－2　学生会員　年会費3,000円。個人会員のうち、大学・大学院・専門学校等の教育機関に在学している者（本人の申請による。一般会員に変更可。なお、卒業または修了と同時に一般会員に移行する）

1－3　賛助会員　年会費5,000円。個人会員のうち、満65歳以上の者（本人の申請による。一般会員に変更可）

1－4　実践会員　年会費5,000円。個人会員のうち、仏教社会福祉を実践する者（本人の申請による。一般会員に変更可。

2　団体会員　本会の事業促進のために助成をなす団体で、理事会の承認を経た者。
年会費30,000円とする

3　名誉会員　本会に功労のあった個人で、別に定める「名誉会員基準」を満たし、理事会の承認を経た者。名誉会員は会費の納入を要しない

第六条（入会）本会に入会を希望する者は、申込書を本会事務局に提出し所定の会費を納めるものとする。

第七条（会員の権利）

1　会員は、本会刊行物の配布を受け、各種の会合に出席し、また年報及び大会において、その研究を発表することができる。但し、会費を前年度分まで納入していない者は、年報及び大会において、その研究を発表することが出来ず、刊行物の配布を受けられない

2　選挙権・被選挙権については、理事選出規定において別に定める

第八条（退会）退会を希望する者は、退会届を本会事務局に提出する。なお、退会の承認は退会届が提出された年度の年度末とし、過年度分の未納会費ならびに当該年度の会費を納めることとする。また、如何なる場合でも既納の会費は返還しない。会費を３年以上にわたって滞納した者は、理事会において退会したものとみなすことがある。

第九条（役員）本会は次の役員をおく。

1　理事　　若干名、うち一名を代表理事とする。なお、理事会に関する規定は別に定める

2　監事　　２名

第十条（役員の選出）理事及び監事は、別に定める選出規程に基づいて選出し、総会の承認を得る。代表理事は理事会の中から互選する。

第十一条（役員の任期）役員の任期を次の期間とする。

1　役員の任期は３年とする。但し再任は妨げない。就任の期日を４月１日とし、任期終了の期日は３月31日とする。但し、中途において就任した役員の任期は前任者の残任期間とする

2　代表理事の任期は一期３年である。但し、再任の場合は連続二期までとする。また、通算で三期を上限とする

第十二条（職務）代表理事は、本会を代表し会務を施行する。代表理事が事故あるときは、理事の一人が代行する。

監事は、会務及び会計の執行状況を監事する。

第十三条（委員）理事会は、委員を委嘱することができる。委員は、会務執行の促進を図る。

第十四条（事務職員）本会の事務局に事務職員をおく。

第十五条（総会）本会は毎年一回総会を開く。必要がある場合には臨時総会を開くことができる。

第十六条（決議）総会、理事会の議事は出席者の過半数をもって決する。

第十七条（経費）本会の経費は、会費・寄附金及びその他の収入をもってこれにあてる。

第十八条（予算・決算）本会の予算及び決算は、理事会の議を経て、総会によって決定する。

第十九条（会計年度）本会の会計年度は、毎年４月１日に始まり、翌年３月31日で終わるものとする。

第二十条（会則変更）会則の変更は、総会の議決によるものとする。

付則

1　この会則は、昭和四十一年十一月十一日より施行する

2　この会則は、昭和四十五年十月十七日より施行する

3　この会則は、昭和五十二年十月十五日より施行する

4　この会則は、昭和六十二年四月一日より施行する

5　この会則は、平成元年十月二十八日より施行する

6　この会則は、平成十三年十二月一日より施行する

7　この会則は、平成十六年九月十一日より施行する

8　この会則は、平成十七年九月十日より施行する

9　この会則は、平成十八年九月九日より施行する

10　この会則は、平成二十八年十月一日より施行する

11　この会則は、平成三十年九月二十九日より施行する

日本仏教社会福祉学会理事選出規程

第一条（制定の根拠）

本規程は、「日本仏教社会福祉学会会則」第五条（会員）・第九条（役員）・第十条（役員の選出）により、これを制定する。

第二条（選挙管理委員会）

理事会が指名する理事１名と若干名の会員で選挙管理委員会を組織する。

第三条（選挙権・被選挙権）

選挙権及び被選挙権を有する者は、選挙が行われる年の４月１日までに、前年度までの会費を納入している会員とする。

１．一般会員は選挙権、被選挙権をともに有する。

２．学生会員は選挙権、被選挙権をともに持たない。

３．賛助会員は選挙権のみを有する。

４．実践会員は選挙権のみを有する。

５．団体会員は選挙権、被選挙権をともに有する。

６．名誉会員は選挙権のみを有する。

第四条（理事の構成および定員）

１．本学会の理事は、個人会員選出理事（以下、個人理事）と団体会員選出理事（以下、団体理事）とする。なお、団体理事は、当該団体の代表者にこだわらず、学会会員たる者とする。

２．理事定員は18名とする。理事の選出にあたっては、ａ．選挙による選出枠を10名、ｂ．被選出者による推薦枠を８名以内とする。

ａ．選挙による選出枠のうち、個人理事を７名、団体理事を３名とする。

ｂ．被選出者による推薦枠のうち、個人理事と団体理事の比率は特に定めないが、地域的配分が考慮されることが望ましい。

第五条（理事選出の方法・手順・理事役員会の構成）

１．個人理事の選出にあたっては、各個人会員が２名を連記する無記名投票により得票数の多い順により選出する。

２．団体理事の選出にあたっては、各団体会員が２団体を連記する無記名投票により得票数の多い順により選出する。

３．個人会員・団体会員別に選挙を実施し、得票数の上位者より定数までを理事候補者とし、選出された理事候補者からの推薦理事候補者と併せてこれを総会の議に諮る。

４．代表理事は総会の承認を得た理事の互選によって選出する。

５．監事は、理事会の推薦により決定する。その職務の内容から、少なくとも１名は本会事務所の所在地に近在の者が望ましい。

以上

（平成10年９月12日　総会承認）

（平成13年12月１日　改正承認）

（平成15年10月18日　改正承認）

（平成16年９月11日　改正承認）

（平成18年９月９日　改正承認）

（平成21年９月５日　改正承認）

（平成30年９月29日　改正承認）

日本仏教社会福祉学会理事会規程

一　本会は理事をもって組織する。
二　本会は日本仏教社会福祉学会の会務を執行する。
三　本会は代表理事が招集する。
四　本会に議長を置き、代表理事をもって充てる。
五　二分の一以上の理事から理事会の招集を請求された場合には、早急にこれを招集するものとする。
六　本会は理事総数の二分の一以上の理事の出席をもって成立するものとする。
七　本会の議事は出席者の過半数で決し、可否同数のときは議長の決定するところによる。
八　議長は理事会の開催場所、日時、決議事項及びその他の事項について議事録を作成するものとする。
九　議事録には、出席理事全員が署名捺印し、常にこれを学会事務所に据え置くものとする。
十　名誉会員は理事会にオブザーバーとして出席することができる。

日本仏教社会福祉学会内規

(1) 慶弔に関する内規

一　日本仏教社会福祉学会の名誉会員及び理事・監事の現職及び経験者を対象として、一万円を上限として祝電等の対応を取ることが出来る。

以上

（平成十四年九月七日　総会承認）
（平成十六年九月十一日　改正承認）

(2) 名誉会員推薦基準内規

一　日本仏教社会福祉学会の名誉会員の推薦基準は、「１」を満たした者の内、２または３の一つ以上に該当するものと定める。

１．推薦時の年齢が75歳以上の者。
２．代表理事経験者。
３．理事・役員の延べ在任期間において３期又は９年以上の者。但し、理事は個人理事としての期間のみを計上する。

(3) 研究会、勉強会等開催の際の講師謝礼に関する内規

一　日本仏教社会福祉学会として開催する研究会、勉強会等に際して講師を依頼する場合、予算の範囲内において、以下の基準を上限として、講師謝礼を支払う事ができる。

１．本会会員の場合、5,000円を上限とする。
２．本会会員以外の場合、20,000万円を上限とする。

以上

（平成二十八年十月一日　改正承認）

日本仏教社会福祉学会研究倫理指針

2016年10月１日施行

第１　総　則

（目的）

日本仏教社会福祉学会は、本学会会員の研究倫理および研究過程および結果の公表等に関して本指針を定める。

（遵守義務）

１．日本仏教社会福祉学会会員は、研究および研究過程・結果の公表に際して、関係法令の遵守や社会人としての一般的な倫理や注意義務は言うまでもなく、研究者としての倫理が付加的に要請されることを自覚し、本指針に則って行動しなければならない。

第２　指針内容

１．研究者は、盗用は言うまでもなく、その疑義を生じさせる行為も、研究倫理違反であると自覚しなければならない。

２．研究者は、引用に際して著作権法等の関係法令を遵守することは言うまでもなく、それ以上に求められる研究倫理上の手続きも踏まえなければならない。

３．研究者は、事例研究法を用いる場合、事例の対象者（当事者）の個人情報の保護等に関して、個人情報保護法等の関係法令を遵守することは言うまでもなく、それ以上に求められる研究倫理上の手続きも尊重しなければならない。

４．研究者は、調査研究法を用いる場合、研究者の所属する機関、または当該調査の実施に当たって承認を得なければならない機関の研究倫理委員会において、その調査が承認されていなければならない。この場合、その承認の事実について明示的に示されていなければならない。ただし、倫理委員会への付議を要さない調査研究については、この限りではないが、一般的な研究倫理を逸脱してはならない。

５．研究者は、書評に際して、公正・客観的でなければならない。

６．書評者は、著者の反論に応答しなければならない。

７．査読に際して、著者と査読者双方が匿名を厳守しなければならない。

８．査読者は、公正・客観的に査読を行わなければならない。

９．査読者は、著者の反論に応答しなければならない。

10．研究者は、いかなる研究誌に対しても多重投稿を行ってはならない。

11．研究者は、研究慣行上許容される場合を除いて、同一内容の研究成果を重複公表してはならない。

12．研究者は、研究誌への投稿に際して、投稿規程、執筆要領等を遵守することは言うまでもなく、不当な不服申し立てを行ってはならない。

13. 研究者は、学会発表に申し込んだ後は、慣行上許容される場合を除いて、発表を辞退してはならない。また要旨集の作成、発表資料の作成、発表時間、発表方法その他の必要な事項について、学会および年次大会実行委員会等の定めたルールにしたがわなければならない。
14. 研究者は、所属機関および他の機関により支給される研究費を用いて研究する場合は、補助金等に係る予算の執行の適正化に関する法律等の関係法令を遵守することは言うまでもなく、研究費の供与機関が定める関係規程や慣行を遵守しなければならない。
15. 研究者は、差別的表現とされる用語や社会的に不適切とされる用語を研究目的に沿って慣行上許容される場合しか使用してはならない。また、許容される理由について明示的に示されていなければならない。
16. 研究者は、差別的表現とされる用語や社会的に不適切とされる用語に関して、一般的に求められる水準以上の感受性を持つよう努力しなければならない。
17. 研究者は、いかなるハラスメントあるいはその類似行為も行ってはならない。
18. 研究者は、いかなる中傷あるいはその類似行為も行ってはならない。
19. 研究者は、共同研究の成果を公表する場合、研究・執筆に関わった者のすべての氏名を明記しなければならない。

附則

1　この指針は、2016年10月１日より施行する。

年報掲載原稿募集！

本誌の一層の充実のため、会員各位の積極的な投稿をお待ちしております。

内容は、（Ａ）研究論文・実践報告・研究ノート等、（Ｂ）図書紹介・著者紹介・仏教社会福祉系施設紹介等です。

（Ａ）研究論文等の投稿要領は、本誌掲載の「投稿規程」をご覧下さい。（Ｂ）図書紹介等は本誌一〜二頁に収まるようにご執筆下さい（分量以外は（Ａ）に準じます。）

（Ａ）（Ｂ）ともに、印刷原稿三部を学会事務局へご提出下さい。提出が確認された後、投稿者へ「受付証」を発行致します。

なお、投稿に関するお問い合わせおよび原稿提出は、本誌奥付掲載の学会事務局までお願い致します。

編集委員会

編集後記

「超高齢社会の今を考える」のテーマで開催された第五十三回大会（於：身延山大学）におけるシンポジウム趣旨説明とシンポジウムを掲載し、大会概要、事務局報告等々を掲載した。超高齢社会という現実を踏まえて、仏教社会福祉学から今後に検討すべき課題が見えてきたのではないだろうか。ただ、残念なことに本大会は台風迫りくる中での開催となり、参加しようにもできなかった委員がいたことは残念である。かくいう筆者もその一人であった。

本号では、図書を二冊紹介しているが、現代と過去という相違はあるものの、共に仏教社会福祉の実践を分析した興味深い内容である。図書紹介をご覧になられたうえで、ぜひ手に取っていただきたい書である。また、投稿論文に関しては、研究ノート一本だけとなったが、学生による子育て支援活動を仏教の視点から考察した意欲的な論文であり、今後の継続研究に期待できる内容である。

今回、本号の発行が一年近く遅れた。このことは、様々な原因によるとはいえ、投稿論文の執筆者の方や各原稿を寄稿くださった方々、そして本号を心待ちにしていられる会員の皆様に大変なご迷惑をおかけしたことを、編集委員長として心からお詫び申し上げたい。なお、次号については例年通りの発行であることを申し添えておく。

コロナ禍という困難なときであるからこそ、仏教社会福祉学の重要性は高まっているともいえるので、ぜひとも会員の方々には、コロナ対応の活動なども含めた報告を学術大会でしていただきたい。さらに本誌への投稿論文もお願いしたい。

（栗田修司）

日本仏教社会福祉学会年報　第50号

令和三年二月二〇日印刷
令和三年二月二八日発行

定価（本体二、五〇〇円＋税）

編集・発行　日本仏教社会福祉学会

事務局
〒360-0194
埼玉県熊谷市万吉一七〇〇
立正大学　社会福祉学部内
(TEL〇四八－五三六－一三一八㈹)
(FAX〇四八－五三六－二五二二㈹)

発売元　不二出版株式会社
〒112-0005
東京都文京区水道二－一〇－一〇
(TEL〇三－五九八一－六七〇四)

組版・印刷・製本　株式会社　白峰社

ISBN978-4-8350-6708-7